汉语谚语在俄罗斯媒体
话语中的运用

吕婧玮　著

Функционирование китайских
пословиц в российском
масс-медийном дискурсе

黑龍江大學出版社
HEILONGJIANG UNIVERSITY PRESS
哈尔滨

图书在版编目（CIP）数据

汉语谚语在俄罗斯媒体话语中的运用 / 吕婧玮著
. -- 哈尔滨 : 黑龙江大学出版社，2024.3（2025.3 重印）
ISBN 978-7-5686-1057-5

Ⅰ . ①汉… Ⅱ . ①吕… Ⅲ . ①汉语－谚语－文化功能
－研究②媒体－社会语言学－研究－俄罗斯 Ⅳ .
① H136.3 ② G206.2 ③ H0-05

中国国家版本馆 CIP 数据核字（2023）第 233571 号

汉语谚语在俄罗斯媒体话语中的运用
HANYU YANYU ZAI ELUOSI MEITI HUAYU ZHONG DE YUNYONG

吕婧玮　著

责任编辑　杨琳琳
出版发行　黑龙江大学出版社
地　　址　哈尔滨市南岗区学府三道街 36 号
印　　刷　三河市金兆印刷装订有限公司
开　　本　720 毫米 ×1000 毫米　1/16
印　　张　11.75
字　　数　258 千
版　　次　2024 年 3 月第 1 版
印　　次　2025 年 3 月第 2 次印刷
书　　号　ISBN 978-7-5686-1057-5
定　　价　47.00 元

本书如有印装错误请与本社联系更换，联系电话：0451-86608666。

Введение

Настоящая работа посвящена изучению китайских пословиц, функционирующих в российском масс-медийном дискурсе, выявлению типов их трансформаций, раскрытию их когнитивных особенностей и прагматических функций.

Вторая половина XX века ознаменовалась развитием междисциплинарных направлений, таких как межкультурная коммуникация, кросс-культурная лингвистика, лингвокультурология, когнитивная лингвистика и др. Развитие данных направлений отражает интенсификацию процессов взаимодействия языков и культур. Во всех названных парадигмах особое внимание исследователи уделяют культурно-обусловленным языковым единицам, к числу которых относятся пословицы и поговорки.

Как известно, пословицы и поговорки являются вербальным выражением исторической памяти и мудрости народа, народного опыта, передаваемого из поколения в поколение. Этнические пословицы и поговорки отражают особенности менталитета того или иного народа, закрепляют исторически сформировавшиеся нравственные и этические нормы.

В сопоставительном аспекте пословицы и поговорки разных народов изучаются с точки зрения их структуры, семантики и функционирования. Особый интерес на современном этапе вызывает изучение когнитивных аспектов и прагматических функций пословиц и поговорок.

В настоящее время усиливается процесс цитирования этнических пословиц в иноязычных коммуникативных пространствах, особенно в социо-медийном и масс-медийном дискурсе. В центре внимания нашего исследования находятся китайские пословицы, которые функционируют в российском масс-медийном дискурсе. Китайские пословицы в русскоязычном дискурсе испытывают воздействие двух противоположных друг другу факторов. Китайская культура, к которой они принадлежат, обеспечивает сохранение пословицы, а коммуникативные задачи русскоязычных авторов статей в СМИ вызывают инновации как возможность приспособления к новым условиям. Вследствие этого, в связи с адаптацией к русской культуре данные единицы подвергаются в русскоязычном дискурсе разного рода трансформациям.

Актуальность настоящей работы определяется, прежде всего, постановкой проблемы функционирования этнических пословиц в иноязычном и инокультурном дискурсе. Сопоставительное исследование в настоящей работе выходит за рамки парадигматического анализа китайских пословиц. Функциональная парадигма значительно расширяет исследовательский ракурс и предлагает возможность изучать пословицы в их реальном употреблении. Актуальность связана также с активным использованием китайских пословиц в российском масс-медийном дискурсе. Это обусловливает значимость изучения особенностей их функционирования, способов передачи на русский язык, видов их трансформации в текстах. Интерес вызывает исследование функций китайских пословиц в российских СМИ. Значимость анализа данных единиц в российском масс-медийном дискурсе определяется тем, что китайские пословицы все чаще становятся отражением инокультуры (российской культуры).

Своевременность обращения к данной теме также обусловливается незначительным количеством работ, посвященных комплексному исследованию функционирования китайских пословиц в разных предметных сферах (культура, политика, экономика).

Объектом нашего исследования являются китайские пословицы в российском масс-медийном дискурсе.

Предметом исследования выступают когнитивные и функциональные аспекты китайских пословиц в российском масс-медийном дискурсе как результат взаимодействия китайской и российской культур.

Целью исследования является выявление процессов и закономерностей функционирования китайских пословиц в российском масс-медийном дискурсе. Для достижения поставленной цели сформированы следующие задачи:

- определить методику исследования функционирования китайских пословиц в российском масс-медийном дискурсе;

- выделить типы трансформаций китайских пословиц в российском масс-медийном дискурсе;

- изучить способы метафорических актуализаций в китайских пословицах, функционирующих в российском масс-медийном дискурсе;

- рассмотреть конкретные сферы употребления китайских пословиц в российском масс-медийном дискурсе;

- выявить прагматические функции, которые выполняют китайские пословицы в российском масс-медийном дискурсе.

Степень разработанности проблемы. На современном этапе развития лингвистики исследовательский фокус смещается к анализу языка с точки зрения функционального и когнитивно-прагматического подходов, в рамках которых все чаще актуализируется изучение пословиц в коммуникативном аспекте. Проблемы исследования китайских пословиц в российском дискурсе СМИ и англоязычном дискурсе СМИ рассматриваются в серии статей О. В. Николаевой [Николаева, 2013, 2014, 2015, 2017, 2018], в работах Е. А. Яковлевой [Яковлева, 2014, 2015, 2016, 2018] и И. Н. Кохана [Кохан, 2017, 2018]. Тем не менее, остаются без внимания многие проблемы, связанные с изучением актуализации китайских пословиц в российском дискурсе: не изучены трансформации данных единиц, их когнитивные особенности и прагматические свойства.

Теоретической базой для настоящего исследования послужили:

1. Научные работы по паремиологии и, в частности, по сопоставительной паремиологии таких авторов, как В. М. Мокиенко и Х. Вальтер［Мокиенко, Вальтер, 2005］, В. Н. Телия［Телия, 1996］, Д. О. Добровольский［Добровольский, 1997］, Г. Л. Пермяков［Пермяков, 1988］, Е. Ошева［Ошева, 2013］, О. В. Николаева［Николаева, 2013, 2017］, Е. А. Яковлева［Яковлева, 2015, 2016］, И. Н. Кохан［Кохан, 2017, 2018］, Вэнь Дуаньчжэн［温端政, 1985, 2004］, Ван Сыхуй［王思慧, 2015］и др.

2. Труды, посвященные функциональным аспектам пословицы, таких исследователей, как О. Б. Абакумова［Абакумова, 2010, 2012, 2014］, О. Ю. Машина［Машина, 2014］, Хоу Пу［侯璞, 2012］, Сун Цайфун［宋彩凤, 2013］, И. Ю. Моисеева и Е. В. Чудина［Моисеева, Чудина, 2004］и др.

3. Результаты исследований в рамках когнитивной лингвистики, отраженные в работах З. Д. Поповой и И. А. Стернина［Попова, Стернин, 2007］, В. А. Масловой［Маслова, 2004］, Н. Н. Семененко［Семененко, 2012］, О. А. Корнилова［Корнилов, 2005］, Дж. Лакоффа и М. Джонсона［Лакофф, Джонсон, 2004］, Ван Шаохуа［汪少华, 2009］, Чжан Минь［张敏, 2003］и др.

Методологической основой исследования является междисциплинарное сочетание когнитивного, прагматического и дискурсивного подходов. **Методы**, используемые в работе, включают концептуальный, лингвопрагматический анализ, дискурс-анализ, сопоставительный и количественный методы.

Научная новизна исследования заключается в разработке методики анализа функционирования китайских пословиц в российском масс-медийном дискурсе. Впервые исследуются трансформации и прагматические функции этих единиц в российском масс-медийном пространстве.

Теоретическая значимость исследования состоит в развитии методики сопоставительного анализа в области паремиологии, в углублении концепции исследования пословиц в инокультурном и иноязычном коммуникативном пространстве.

Практическая ценность данной работы заключается в возможности включения представленных материалов в лекционные курсы по межкультурной коммуникации, лингвокультурологии и когнитивной лингвистике. Кроме того, полученные результаты могут быть использованы при составлении и редактировании паремиологических словарей и осуществлении перевода.

Материалом послужили фрагменты российского масс-медийного дискурса, в которых употребляются китайские пословицы. Общее количество проанализированных фрагментов статей составляет 777 случаев, где употребляются 226 разных китайских пословиц.

Источники материала — онлайн-версии российских газет и порталы ведущих информационных агентств РФ (всего 66):

1. Российские газеты: «Аргументы и факты» (32 статьи), «Комсомольская правда» (39 статей), «Газета. Ru» (20 статей), «Завтра» (37 статей), «Известия» (23 статьи), «Российская газета» (59 статей) и др. Хронологические рамки выборки статей ограничивались периодом с января 2000 г. по февраль 2019 г.

2. Информационные агентства, в том числе Рамблер (106 статей), ИТАР-ТАСС (18 статей), Безформата (62 статьи) и др. Хронологические рамки выборки статей ограничивались периодом с января 2000 г. по февраль 2019 г.

Кроме того, были проанализированы следующие словари: 《现代汉语词典 (第7版)》[«Словарь современного китайского языка (Версия 7)»], 《俄汉谚语俗语词典》(«Русско-китайский словарь пословиц и поговорок»), 《现代汉语规范词典》(«Нормативный словарь современного китайского языка»), 《中国歇后语大全》(«Полное собрание сехоуюй»), 《中国谚语大全 (上)》(«Полное собрание китайских пословиц» Т. 1), 《汉语成语词典》

(«Словарь китайских идиом-чэнъюй») и др.

Гипотеза исследования состоит в том, что китайские пословицы, обладают значительным адаптационным потенциалом в инокультурном и иноязычном коммуникативном пространстве и функционируют в российском масс-медийном дискурсе для отражения широкого спектра проблем как китайской, так и «некитайской» тематики.

На защиту выносятся следующие положения:

1. Методика исследования функционирования китайских пословиц в российском масс-медийном дискурсе включает три этапа: изучение способов вхождения пословиц в российское коммуникативное пространство; исследование когнитивно-метафорических характеристик китайских пословиц; анализ функций китайских пословиц в российском масс-медийном дискурсе.

2. В китайских пословицах при включении в тексты российского масс-медийного дискурса наблюдаются лексическо-семантические трансформации: замена, добавление и опущение лексических компонентов, а также паремиологическая контаминация, приводящая к замене составной части пословицы и полной замене пословицы. Трансформации китайских пословиц создают их *вторичную* вариативность, т. е. вариативность в иной (российской) культуре, в отличие от первичной вариативности, которую китайские пословицы имеют в родной культуре.

3. Китайские пословицы, функционирующие в российском масс-медийном дискурсе, характеризуются высоким когнитивно-метафоричным потенциалом, позволяющим этим единицам эффективно адаптироваться к российской социо-культурной среде. Наиболее частотна актуализация анималистических и антропоцентрических метафор, онтологических и ориентационных метафор.

4. Специфика функционирования китайских пословиц в российском масс-медийном дискурсе заключается в том, что они употребляются не только в текстах, посвященных собственно Китаю, но и в материалах более

широкой тематики（экономика，политика，общественная жизнь，межкультурное взаимодействие，спорт，образование），демонстрируя широкий потенциал отражения инокультуры.

5．Китайские пословицы в российском масс-медийном дискурсе характеризуются полифункционированием и полифункциональностью. Основными функциями являются следующие：привлечение внимания，оценка，создание гармоничной атмосферы，выражение эмоций и экспрессии.

Степень достоверности подтверждается широким охватом материала на русском и китайском языках，его значимостью и репрезентативностью，соответствием общей методологии и проблематики исследования современному уровню развития лингвистики，а также **апробацией** результатов исследования на международных и всероссийских научных и научно-практических конференциях：Ⅱ Всероссийская научная конференция с международным участием «Диалог культур Тихоокеанской России и сопредельных стран：межэтнические，межгрупповые，межличностные коммуникации»（г. Владивосток，2017）；XXV Международная конференция студентов，аспирантов и молодых ученых «Ломоносов»（г. Москва，2018）；The 12th Far Eastern English Language Teacher's Association International Conference «Teaching English in the Era of Globalization: Bridging Gaps, Meeting Challenges»（г. Хабаровск，2018）.

Основные результаты исследования отражены в 6 работах，из них 3 статьи в журналах，рекомендованных Высшей аттестационной комиссией Министерства науки и высшего образования РФ.

Структура работы. Работа состоит из введения，двух глав，заключения и списка литературы.

Во введении обосновывается актуальность изучения функционирования китайских пословиц в российском масс-медийном дискурсе，указываются объект и предмет，материал，теоретическая база и методы исследования，формулируются цели и задачи，перечисляются выносимые на защиту положения, раскрываются научная новизна, теоретическая и практическая значимость работы и приводятся сведения об апробации работы.

В первой главе «Методологические начала функционального анализа пословиц» рассматриваются определения пословиц, аспекты изучения пословиц, анализируются классификации пословиц, предложенные российскими и китайскими лингвистами, дается определение понятия «масс-медийный дискурс», обосновывается применение когнитивно-дискурсивного подхода к исследованию пословиц.

Во второй главе «Когнитивные и прагматические аспекты функционирования китайских пословиц в российском масс-медийном дискурсе» рассматриваются типы метафор в китайских пословицах, функционирующих в российском масс-медийном пространстве: анималистическая метафора, антропоцентрическая метафора, онтологическая метафора, ориентационная метафора, пространственная метафора. Обобщаются частотные способы трансформаций китайских пословиц в российском масс-медийном дискурсе: замена отдельных лексических компонентов пословицы, добавление лексических компонентов, опущение лексических компонентов. Изучается явление паремиологической контаминации, приводящей к замене составной части пословицы и полной замене пословицы, рассматривается смешанный тип трансформации. В главе описывается полифункционирование китайских пословиц в предметных сферах не только китайской тематики, но и по темам общего характера, не связанным с китайской культурой; изучаются функции, которые выполняют цитируемые китайские пословицы: функция привлечения внимания адресатов, эмоционально-экспрессивная функция, оценочная функция, функция создания гармоничной атмосферы между автором и читателем.

В заключении приводятся основные выводы, полученные в ходе исследования, намечены перспективные направления дальнейшей работы.

Оглавление

Глава 1 Методологические начала функционального анализа пословиц

1.1 Изучение пословиц в антропоцентрической парадигме

Язык является важнейшим средством общения, универсальным инструментом коммуникации во всех сферах человеческой жизни. Немецкий философ и филолог Вильгельм фон Гумбольдт отмечал, что язык является орудием мысли, отражает национальную культуру его носителей и становится зеркалом внешнего мира. Посредством языка этнос получает наследие предыдущих поколений и передает ценный опыт потомству. Национально-культурные особенности отражаются в языковых единицах всех уровней [Гумбольдт, 1985, с. 7-25].

Среди многочисленных языковых средств, отражающих взаимодействие языка и культуры, пословицы, поговорки, прибаутки, фольклорные изречения занимают важное место. Именно в них проявляется история, быт, мировоззрение нации, народная мудрость так, как ни в какой иной форме языкового творчества. Пословицы и поговорки своими уникальными особенностями привлекают исследовательский интерес ученых разных направлений.

Центральной единицей настоящего исследования являются пословицы.

Мы выделяем пословицы в качестве объекта исследования, подчеркивая широкую и интересную проблематику их сопоставительного изучения на современном этапе, а также исследовательские возможности, которые открылись в связи с развитием антропоцентрической парадигмы. У каждого народа существует свой собственный пословичный фонд, содержащий национальную мудрость и оберегаемый как сокровище народной культуры. В одних аспектах пословичные фонды разных народов сходны, в других — различны. В каждом из них отражен и общечеловеческий опыт, и уникальный национальный.

В науке существуют разные направления, которые изучают пословицы и дают определение этому термину, эти направления также по-разному анализируют проблемы функционирования этих единиц. Так, пословицы стали объектом не только фольклористики и языкознания [Пермяков, 1988; Буслаев, 1961; Телия, 1996; Гусейнова, 1997; Алефиренко, Семененко, 2009], но и объектом относительно молодых наук — лингвокультурологии [Карасик, 2002; Верещагин, Костомаров, 2005], когнитивной лингвистики [Попова, Стернин, 2007; Натхо, 2009; Корнилов, 2005; Каюмова, 2013], межкультурной коммуникации [Тер-Минасова, 2000; Николаева, 2013]. Также исследуется функционирование пословиц в разных типах дискурсов [Антонова, 2012; Абакумова, 2010; Казеннова, 2009; Карасик, 2002] и анализируется их прагматический потенциал [Абакумова, 2010; Алефиренко, 2008; Семененко, 2010, 2012, 2017; Чижиков, 2006; Моисеева, 2004; Машина, 2014; Константинова, 2011].

Для выполнения настоящего исследования нам представляется целесообразным, прежде всего, обратиться к толкованию пословиц с позиций лингвистического, лингвокультурологического и лингвокогнитивного подходов.

1.1.1 Лингвистический аспект исследования пословицы

Толкование слова *пословица* представлено во многих словарях русского языка: Д. Н. Ушакова [Толковый словарь Ушакова], С. И. Ожегова [Ожегов, 1949], С. А. Кузнецова [Кузнецов, 1998], Т. Ф. Ефремовой. Объяснение этому явлению можно также найти в сборниках пословиц и поговорок: В. И. Даля [Даль, 1882, 1957], Г. А. Пермякова [Пермяков, 1970], Ли Синцзяня [李行健, 2014], Вэнь Дуаньчжэна [温端政, 2003]. Определение термина *пословица* дается в словарях лингвистических терминов Д. Э. Розенталя, М. А. Теленковой [Розенталь, Теленкова, 1976], В. Н. Ярцевой [Ярцева, 1998].

Д. Э. Розенталь и М. А. Теленкова отмечают, что пословица — это «образное законченное изречение, имеющее назидательный смысл, обычно характеризующееся особым ритмо-интонационным оформлением» [Розенталь, Теленкова, 1976, с. 304]. Г. А. Пермяков понимает пословицу как грамматически законченное изречение (имеющее вид предложения) [Пермяков, 1970, с. 155]. В Толковом словаре Д. Н. Ушакова также указаны свойства пословиц: назидательность, краткость и законченность [Толковый словарь Ушакова]. В. И. Даль рассматривает пословицу как краткое изречение и также отмечает ее назидательность [Даль, 1882, 1957].

По мнению Т. Ф. Ефремовой, «пословица — меткое образное изречение, обычно ритмичное по форме, обобщающее, типизирующее различные явления жизни и имеющее назидательный смысл» [Ефремова, 2000]. Ее определение в значительной степени совпадает с определением пословицы, данным в Большом энциклопедическом словаре «Языкознание»: «краткое, устойчивое в речевом обиходе, как правило, ритмически организованное изречение назидательного характера, в котором зафиксирован многовековой опыт народа; имеет форму законченного предложения (простого и сложного); пословица обладает буквальным и переносным смыслом...» [Пословица ..., 1998, с. 389].

Китайский лингвист Ли Синцзянь отмечает устойчивость пословицы в народной речи: «Пословица как один из видов фразеологизма простыми словами отражает глубокий разум» [李行健, 2014]. Таким образом, пословицы представляют собой сокровищницу народной мудрости.

Однако не все лингвисты принимают пословицу как лингвистический термин, например, определение пословицы не дано в «Словаре лингвистических терминов» О. С. Ахмановой [Ахманова, 1966].

В целом пословица в рассмотренных выше определениях имеет следующие характеристики: краткость (меткое изречение), назидательность, отражение народного опыта и завершенность. Последняя черта отличает ее от поговорок [王德春, 2003].

Пословицы исследуются с разных позиций в работах многих лингвистов: В. Л. Архангельского [Архангельский, 1964], А. В. Кунина [Кунин, 1972], Н. М. Шанского [Шанский, 1996], З. К. Тарланова [Тарланов, 1982], Ф. И. Буслаева [Буслаев, 1861], А. М. Жигулева [Жигулев, 1969], Г. А. Пермякова [Пермяков, 1970], Чжан Лу и В. И. Обносова [Чжан, Обносов, 2009], Ма Гофань [马国凡, 1980].

З. К. Тарланов в ряде трудов изучает синтаксис русских пословиц: «Русские пословицы: синтаксис и поэтика» [1999], «Очерки по синтаксису русских пословиц» [1982], «Синтаксис русских пословиц» [1970]. Ученый дает описание пословицы, отмечая, что как составная часть живой разговорной речи определенной эпохи пословица вбирает в себя ее существенные черты и характеризуется «краткостью, емкостью, структурно-семантической завершенностью; с помощью минимального количества слов, скупых образных средств, в пословицах передаются мощь, красота, неподдельная экспрессия, внутренняя сжатость и компактность народной речи» [Тарланов, 1982, с. 3].

В. Н. Телия исследует пословицы и поговорки с позиций фразеологии и выделяет их в отдельный разряд фразеологических единиц, считая, что фразеологичность этих единиц заключается в их воспроизводимости. Кроме того, у таких единиц отмечается «несвободность» и «двуплановность», т. е. значение пословиц или поговорок выражено не в буквальном плане (прямом значении) [Телия, 1996].

Двуплановость и воспроизводимость отмечена и в определениях других ученых [Архангельский, 1964; Шанский, 1996]. Так, В. Л. Архангельский отмечает: «Пословицы и поговорки рассматриваются как особый тип вторичных языковых знаков, включенных в круг фразеологических единиц» [Архангельский, 1964]. Н. В. Шанский указывает на то, что «пословицы не создаются в процессе речи, а воспроизводятся коммуникантами из памяти как целые готовые единицы» [Шанский, 1996]. Такое определение позволяет некоторым лингвистам рассматривать пословицы и поговорки как единое явление [Семененко, Алефиренко, 2009].

Китайские устойчивые единицы достаточно разнообразны и обладают своей спецификой. Фундаментальному изучению китайской пословицы сехоуй (歇后语) посвящены работы целого ряда ученых [Прядохин, 1977; Лемешко, Белоглазова, 2009; Атаманова, 2014; Ши Лэй, 2014; Войцехович, 2007; Зайцева, Захарова, 2014].

Исследуются и китайские идиомы (成语 — чэнъюй, готовые изречения) [Журавлева, 2003; Корнилов, 2005; Войцехович, 2007; Чэнь Шуан, 2013; Линь Лю, 2012; Ступникова, 2012; Слипченко, 2016; Браташова, Луханина, 2016; Малышева, 2017].

Для нашего исследования четкое разведение терминов и обозначаемых ими типов китайских устойчивых выражений не является принципиальным, так как, во-первых, в китайской лингвистике в широкое понятие *пословица* входят и *поговорки*, и *изречения* [马国凡, 1960; 王勤, 1990; 曲彦斌, 1996; 钟敬文, 1980; 叶芳来, 2005; 温端政, 2003], и сехоуй [马国凡, 1978; 温端政, 2004], и *идиомы* (чэнъюй — готовые выражения) [马国凡, 1978; 卢卓群, 1992; 赵红棉, 1992; 陈秀兰, 2003]. Во-вторых, в иноязычном (например, российском или американском) масс-медийном дискурсе все типы китайских устойчивых выражений подаются как *китайская пословица*, *китайская поговорка* или *китайская мудрость*, без указания их конкретных типов.

Итак, на основе обзора данных концепций сформулируем общую

характеристику пословицы в рамках лингвистического подхода. Пословица — это краткое, устойчивое и живое изречение народной речи, которое воплощает жизненный опыт человека и исторический опыт народа; характеризуется назидательностью, точностью, завершенностью, а также одновременно обладает прямым и переносным значениями; выражает эмоции и оценку окружающего мира.

1.1.2 Пословицы в лингвокультурном аспекте

В настоящее время наблюдается стремительное развитие лингвокультурологии— науки, посвященной, по словам Е. А. Галкиной, «изучению и описанию корреспонденции языка и культуры» в синхронном их взаимодействии [Галкина, 2008, с. 1]. Исследование взаимосвязи между культурой и языком стало объектом лингвокультурологии и вошло в поле зрения лингвистов. Лингвокультурология обусловливает изучение паремий (пословицы и поговорки) в тесной связи с культурой, национальной психологией, а также национальным менталитетом говорящих на данных языках [Гавриленко, Николаева, 2013, с. 1-11].

Язык — это продукт культуры, ее составная часть, а культура народа вербализируется в языке. Язык в словах транслирует концепты культуры, изучение таких концептов позволяет представить концептуальную и национальную картину мира [Чудинов, 2009, с. 67]. Язык — зеркало окружающего мира, он отражает действительность и создает свою картину мира, специфичную и уникальную для каждого народа, этнической группы, речевого коллектива, пользующегося данным языком как средством общения.

Язык — это мощное орудие, формирующее людской поток в этнос, образующий нацию через хранение и передачу культуры, традиций, общественного самосознания данного речевого коллектива [Тер-Минасова, 2000, с. 8-17]. Изучая язык, мы можем объяснить ту или иную культуру, и наоборот, изучая культуру, мы можем объяснить особенности того или иного языка. Триада «язык — человек (мышление) — культура» является единством, слитным и целостным [Николаева, 2014, с. 132-136].

Таким образом, лингвокультурное направление сосредоточивает исследовательский фокус на соединении в пословицах языковой и в широком смысле культурной составляющих.

Так, культурологическое исследование позволяет изучать в пословицах уникальные *культурные компоненты* (термин Е. М. Верещагина и В. Г. Костомарова) [Верещагин, Костомаров, 2005].

Аксиологический, этический, оценочный и *дидактический* аспекты пословичных смыслов также изучаются в рамках данного направления. В пословицах, поговорках и в фольклоре язык хранит *культурные ценности* [Тер-Минасова, 2000, с. 37]. Пословицы, как и легенды, и сказания, дают нам доступ к пониманию идеалов народа, позволяют уяснить характер и систему его ценностных ориентиров. Пословицы и поговорки как произведения народного творчества, запечатлевшего мудрость народа, его ценностную картину мира, ставят на первое место среди других фразеологических оборотов [Никтовенко, с. 173-177].

Пословицы, аккумулируя жизненный опыт народа, регулируют поведение человека с *морально-этической* точки зрения. Пословицы касаются всех сторон человеческой жизни, всех общественных явлений [Тупенко, 1959, с. 5], их справедливо считают сгустками народной мудрости, т. е. тем самым народным культурным опытом, который сохраняется и передается из поколения в поколение. В значительной степени пословица не просто языковая единица, она также является «хранителем традиций и транслятором культуры» [Решетнова, 2006, с. 6].

Народные пословицы представляют богатое хранилище доказательств древности всякого народа, поэтому лингвокультурологи понимают пословицу как устойчивое в языке и воспроизводимое в речи анонимное изречение, *пригодное для употребления в дидактических целях.* Первые пословицы возникли еще в дописьменный период, некоторые из них дошли до нас в древних памятниках [Маслова, 2004, с. 173-219]. Фольклорное происхождение пословицы подчеркивается в работах многих исследователей [Буслаев, 1861, с. 80; Верещагин, Костомаров, 2005; Чжан Лу, Обносов, 2009, с. 122-125; Негматова, 2010, с. 156; Решетнова, 2006, с. 3; Лафта Адхан Хабиб, Листрова-Правда, 2009, с. 11; 武占坤, 2000; 张新远, 2008, с. 1]. Б. Ю. Норман добавляет, что пословицы и поговорки в своей массе архаичны, т. е. отражают не современное, а некоторое древнее состояние духа народа [Норман, 2004].

«Мы учим русскому народному языку на пословицах, — говорит К. Д. Ушинский, — ибо лучшего народного языка, чем тот, который сохранен в пословицах, не знаем» [Цит. по: Бегак, 1985, с. 54].

Пословицы отражают *фактологическую* информацию. С. Г. Тер-Минасова пишет: «Пословицы наглядно иллюстрируют образ жизни, географическое положение, историю, традиции той или иной общности, объединенной одной культурой» [Тер-Минасова, 2000, с. 11]. М. А. Токарева обобщает: «Пословицы наиболее наглядно иллюстрируют образ жизни, отношение к миру и к людям, общественную мораль, историю и традиции народа» [Токарева, 2011].

Итак, пословица в качестве лингвокультурной единицы отражает культуру того или иного народа, народный опыт, раскрывает национальный менталитет. С другой стороны, пословица — это живой организм, впитывающий как губка все реалии современного мира, все изменения в жизни общества, и отражающий их в своих многочисленных вариантах и трансформациях [Сергиенко, 2010]. Пословица представляет собой универсальное высказывание с обобщенной семантикой, она может иллюстрировать те или иные аксиомы поведения в современных сферах жизнеобеспечения, управления, является регулятором безопасности и благоразумия [Никтовенко, 2013, с. 3].

Подводя итог, отметим, что пословица в лингвокультурном аспекте рассматривается как носитель культуры того или иного народа, как транслятор и аккумулятор традиций и народного опыта, она всесторонне отражает народный менталитет и регулирует ежедневное поведение. Без этих языковых феноменов не удалось бы понять культуру народа, а изучение пословиц невозможно без обращения к ее национально-культурной составляющей.

1.1.3   Когнитивный аспект изучения пословиц: отражение национального менталитета

Лингвокультурные определения пословицы соотносятся с когнитивными трактовками. Пословица, как отмечает Е. А. Бабушкина, возникает в процессе когнитивной деятельности членов данного коллектива [Бабушкина, 1999]. Каждая нация реализует в народных пословицах или поговорках своеобразный менталитет и духовное развитие [Глазунова, 1868]. Пословицы необходимо изучать с учетом понятий сознания, познания, менталитета [Николаева, 2014, с. 132-136].

Каждая страна имеет свои особенности развития, для каждой национальности свойственно свое восприятие мира, в этом процессе формируется менталитет, присущий всему социуму. Обращение к особенностям формирования менталитета нации дает возможность более глубокого понимания истории народа, истоков национальной культуры.

Национальный менталитет, отражающий особенности быта, обычаев, истории и культуры, проявляется главным образом, в структурных единицах языка, к их числу можно отнести пословицы и поговорки.

Менталитет — система своеобразия психической жизни людей, принадлежащих к конкретной культуре, качественная совокупность особенностей восприятия и оценки ими окружающего мира [Есюнина, 2012, с. 1- 4]. Менталитет означает «мышление», «образ мыслей», «ум», «рассудок» [Шелупенко, 2013; Пестрикова, 2007]. Менталитет включает в себя базовые представления о человеке и обществе через такие понятия, как *душа, воззрение, мнение, взгляд* [Митина, Петренко, 1994, с. 42-54], это то, что рождается из природных данных и социально обусловленных компонентов и раскрывает представление человека о жизненном мире [Гуревич, 2003].

Наряду с понятием *менталитет* или вместо него используют и иные термины, близкие по значению. Так, *ментальность* также берет начало от латинского «ум, мышление, образ мыслей, душевный склад». Понятие *ментальность* акцентирует общую духовную настроенность, относительно целостную совокупность мыслей, верований, навыков духа, создающую картину мира и скрепляющую единство культурной традиции, а также жизненные и практические установки людей, устойчивые образы мира [Косов, 2007, с. 75-90]. А. Я. Гуревич подчеркивает, что *ментальность* — некий сложившийся образ, внутренняя картина мира, включающая в себя представления о личности, ее отношении к социуму, унаследованная от предшествующих поколений, непрерывно изменяющаяся в процессе общественной практики, лежащая в основе человеческого поведения [Гуревич, 1989].

Кроме того, существует еще одно смежное понятие к уже названным двум — *национальный характер* [Николаев, 1998, с. 74]. В нем отражается определенное социально-психологическое состояние нации, народности, народа, его граждан, запечатлевшее результаты длительного и устойчивого воздействия этнических, природных, географических, социальных и экономических условий проживания.

Менталитет связан с национальным характером, включает в себя нечто коллективное, это вовсе не априорная система ценностей [Бутенко, 1996, с. 92-102]. По мнению В. Н. Телия, менталитет формируется культурой [Телия, 1996].

Поскольку в менталитете концентрируется духовный опыт многих поколений, ценности или ценностные установки [Велиханова, 2016; Бутранец, 2016], часто употребляется понятие *национальный менталитет*. Он формируется на протяжении длительного времени, охватывающего практически всю историю конкретного народа. Сущность национального менталитета определяется исторически, это социально обусловленная система стереотипов этноса. Для адекватного познания и понимания менталитета народа необходимо изучить его историю, культуру, наиболее важные традиции, обычай, ритуалы [Гердер, 1977, с. 274; Дивак, 2016, с. 58-62].

В. А. Маслова указывает, что народный менталитет и духовная культура воплощаются в единицах языка, прежде всего, через их образное содержание. Одним из ярких образных средств, способных дать ключ к разгадке национального сознания, является устойчивое сравнение. С. Г. Тер-Минасова считает, что язык отражает менталитет на уровне слов, словосочетаний, фраз, пословиц, поговорок, крылатых выражений, анекдотов, фольклорных текстов [Тер-Минасова, 2000, с. 212].

Понимание пословиц и поговорок того или иного народа способствует не только лучшему знанию языка, но и лучшему пониманию образа мыслей и характера народа [Маслова, 2004, с. 61, 169; Веретягин, 2012]. Н. А. Потапова отмечает, что пословицы наиболее четко, аргументированно и кратко позволяют выразить менталитет, отношение к миру и природе, целый комплекс культурных смыслов, связанных с человеком и обществом [Потапова, 2016]. Пословицы призваны давать народную оценку явлениям действительности, выражая мировосприятие народа [Василевич, 2010, 54-57; Негматова, 2010, с. 155-159].

При реконструкции особенностей менталитета на основе пословичного фонда выделяются самые общие черты менталитета данной языковой общности. Пословицы существуют длительное время, имеют разную частоту использования в современном языке и позволяют выявить константные черты менталитета в течение продолжительного временного отрезка [Казакова, 2009].

Например, в русских пословицах проявляется в основном крестьянский менталитет. Анализ английских пословиц показывает, что представлен менталитет разных социальных слоев: крестьян, торговцев и деловых людей [Казакова, 2009, с. 237-244].

Е. В. Иванова говорит: «Пословичная картина мира» (ПКМ) является частью языковой картины мира (ЯКМ). Если ЯКМ — это мировидение, закрепленное в языке, то пословичная картина мира — это мировидение, которое мы обнаруживаем при анализе пословиц определенного языка. Е. В. Иванова отмечает, что для сопоставления пословичных картин мира, в первую очередь, анализируют значения и внутреннюю форму, а также их соотношение, исходя из рассмотрения пословичной метафоры и лексического состава пословиц [Иванова, 2006, с. 37]. Вслед за ней термин «пословичная картина мира» использует Юань Лиин [Юань, 2016], именно в пословичной картине мира проявляется менталитет народа [Биктагирова, 2006, с. 35].

Исследование национального менталитета может осуществляться и в одном языке [Кухарева, 2010; 赵玮婷, 2015; Ли Цианьхуа, Смирнов, 2013], и в разных языках, то есть в рамках сопоставительного анализа [Казакова, 2009; Веретягин, 2012; Мирзаян, 2012; Груздева, 2015; Юань Лиин, 2016].

Изучение отражения национального менталитета и духовного опыта в пословицах часто связано с изучением концептов [Маслова, 2004, с. 17]. Например, концепт «дружба» для русского менталитета — великая ценность человеческой жизни, что отражается во многих русских пословицах: *дружбой дорожи, забывать ее не спеши; дружбу помни, а злобу забывай* [Маслова, 2004, 172]. Концепт «дружба» в пословицах также исследуют В. П. Мирзаян, В. А. Груздева, Хэ Юнься [Мирзаян, 2012; Груздева, 2015; 何云霞, 2012]. Исследования концептов на материале пословиц в основном выполняются в том или ином конкретном языке, например: «обман» [朱琳娜, 2012], «счастье» [Ли Цианьхуа, Смирнов, 2013], «мужчина и женщина» [李梅, 2015], «воспитанность» и «невоспитанность» [Юань Лиин, 2016].

С другой стороны, яркость проявления менталитета в пословицах делает особенно интересным сопоставительное изучение. Целью сопоставительного изучения является выявление различия между разными культурами. Появилось немало ученых, которые занимаются сопоставительными исследованиями пословиц, в том числе, китайских ученых: Ван Сыхуй, Юй Цзяо, Ян Хуйин, Ма Синь〔王思慧，2015；于姣，2014；杨慧颖，2014；马鑫，2012〕.

Необходимо подчеркнуть, что при изучении менталитета через призму пословиц, концепты и культурные компоненты в пословицах никогда не изолированы друг от друга, они часто вместе образуют пословичную картину мира. В каком-то одном главном концепте, воплощающем менталитет народа, одновременно выделяются несколько субкомпонентов. Например, Юань Лиин в своей работе выделяет следующие типы культурно-обусловленных субкомпонентов концепта *воспитанность*: вежливость, уважение, терпимость〔Юань Лиин，2016〕.

Таким образом, в пословицах могут быть воплощены и менталитет, и мировоззрение народа. Особенности культурно-национального менталитета в пословицах репрезентируются по-разному, его изучение неразрывно связано с внешними факторами: с историей страны, ее культурой, бытом, мировоззрением, поэтому когнитивный и лингвокультурологический подходы часто совмещаются в одном исследовании.

1.2　Классификация пословичных изречений

1.2.1　Классификация пословичных изречений в структурном и содержательном планах

В лингвистической литературе существуют различные классификации пословиц. Г. А. Пермяков отмечал, что вопрос о классификации пословиц — коренной вопрос современной паремиологии, без решения которого не может развиваться сама эта наука [Пермяков, 1988, с. 11-13].

Так, исследователи и собиратели пословиц делят их на две основные группы по их распространенности: общие и местные [Снергиев, 1832]. К общим относятся наиболее распространенные, известные всему народу, а местные пословицы знают только в одной какой-то местности, в основном применяются там, где возникли [Бархударова, 1998; Ойноткинова, 2010].

А. А. Потебня делил пословицы на две группы по другому критерию: образные пословицы и безобразные пословицы [Потебня, 1989]. Образные пословицы обладают переносными смыслами, а безобразные пословицы — прямые, не имеющие переносных смыслов.

Современный ученый В. П. Жуков считает, что пословицы и поговорки отличаются разной степенью мотивированности [Жуков, 2000, с. 13]. С этой точки зрения можно выделить пословицы трех типов. Среди них пословицы, в настоящее время не употребляющиеся в прямом, буквальном смысле (*Ворон ворону глаз не выклюет*; *игра не стоит свеч*); пословицы, отличающиеся двойным планом: прямым и переносным (*Аппетит приходит во время еды*); пословицы, употребляющиеся только в прямом значении (*Старый друг лучше новых двух*; *век живи, век учись*). Такого же мнения придерживается китайский ученый Хуан Сухуа [黄苏华, 1996].

Г. А. Пермяков в своем справочнике описывает пять классификаций пословиц: классификация по опорным словам; алфавитная, монографическая, тематическая и генетическая классификации [Пермяков, 1988].

Классификация пословиц по алфавиту является самой распространенной. Она требует размещения пословиц в алфавитном порядке в зависимости от начальных букв первого слога. Таким образом они расположены в большинстве русских и иностранных сборников пословиц [Снегирев, 2014; Маргулис, Холодная, 2000; Кожевников, 2005; Ярцева, 1998; 叶芳来, 2005].

Пословицы как языковые единицы всегда имеют лексикограмматические и синтаксические характеристики ［Молотков, 1977］. Например, русские, английские и татарские пословицы могут быть построены и по модели сложных предложений：1）сложносочиненных （ССП）；2）сложноподчиненных （СПП）；3）бессоюзных сложных предложений（БСП）［Крылова, 2014, с. 37-38］. На основе синтаксической структуры пословицы могут вступать в разные семантические отношения［鞠艳清, 2015］.

Есть ученые, которые полагают, что у пословиц есть собственные формы. Форма пословицы дает нам другую точку зрения на классификацию.

Е. Дуринова отмечала, что по форме пословицы могут быть трех типов：пословицы с ритмом, пословицы без ритма и пословицы с противопоставлением［杜林诺娃（Дуринова）, 2005］.

Тематическая классификация наряду с классификацией по опорным словам сегодня ближе к семантическому рассмотрению пословиц. Пословицы входят во фразеологическое пространство, часто рассматривается как ФСП （фразеологическое семантическое поле）, под которым понимается «совокупность фразеологических единиц, связанных по смыслу и обладающих общим интегральным семантическим признаком, объединяющим все фразеологизмы в определенную группу, противопоставленную другим полям в семантическом отношении»［Аюпова, 2003, с. 121-123］. Примером являются пословицы с конкретной лексемой 吃（есть）в китайском языке：人是铁, 饭是钢, 一顿不吃饿得慌（*досл.：Человек — железо, а еда — сталь, один раз не съел, страшно проголодался*）；不干不净, 吃了没病（*досл.：Нечистое и грязное, но съел и не заболел*）［Ахмадуллина, 2007］.

Тематическая классификация пословиц весьма распространена среди ученых, изучающих пословицы разных языков и культур ［Литвинов, 2000；Рыбникова, 1961；Buchanan, 1988；Leili, 2000；温端政, 2003；魏敏, 2016］. Однако тематическая классификация часто приводит к тому, что одну и ту же пословицу помещают в разные тематические рубрики. Так, В. И. Даль выделяет 179 тематических рубрик: пословицы о предметах веры (бог, грех и проч.), о судьбе, о счастье, о богатстве, бедности и др. В отличие от него, П. П. Литвинов использует простую тематическую классификацию, которая делит около 3500 выражений на 13 групп: эмоция, интеллект, мышление, чувство, мораль, поведение, отношение между людьми и т. д. [Литвинов, 2000], М. А. Рыбникова разделила пословицы на 16 рубрик: труд, человек, дружба, мир/ненависть, семья, добро и зло, счастье [Рыбникова, 1961].

О. Г. Дубровская указывает, что кроме традиционной классификации, можно разделить пословицы по типу фреймов, поскольку в сознании человека мир (пословичная картина мира) представлен в виде определенных структурных фреймов, которые формируются для отражения в предметно-познавательной деятельности человека, а за каждым фреймом стоит существенный пласт знания [Дубровская, 2002]. В своей работе ученый уделяет пристальное внимание фреймам: ум, глупость, любовь, труд, лень, что по содержанию в большой степени совпадает с тематической классификацией.

Китайский ученый Вэнь Дуаньчжэн классифицирует пословицы по содержанию, их результаты показаны в таблице 1.

Таблица 1   Классификация пословиц Вэнь Дуаньчжэна

Пословицы об обществе	Пословицы об окружающей действительности
пословицы о морали	пословицы о пище
пословицы о философии	пословицы о природных явлениях
пословицы о здравом смысле жизни	
пословицы об обычаях	

Среди пословиц о пище существуют подробные подгруппы: пословицы о сельском хозяйстве, лесном хозяйстве, рыбном хозяйстве, скотоводстве и др. [温端政, 2003].

Классификация пословиц китайским ученым Вэй Минем разведена на четыре группы: погодные пословицы, отраслевые пословицы (сельское хозяйство, промышленность, лесоводство, бизнес), социальные пословицы и жизненные пословицы [魏敏, 2016, с. 6]. Ма Гофань разделил пословицы на семь групп: сельскохозяйственные, сатирические и хвалебные пословицы, заповеди, эдемические пословицы, пословицы здравого смысла и стилистически окрашенные пословицы [马国凡, 1985]. Е. Лейли также выделяет 7 групп пословиц: пословицы, основанные на человеческих типах, понятиях, персонификациях; пословицы, имеющие в качестве главных героев объекты и неодушевленные элементы повседневной жизни и природный мир (реальность); пословицы с животными; пословицы о местах и народах; пословицы, имеющие в качестве главных героев юмористические или исторические персонажи; пословицы, посвященные мифическим персонажам, богам и героям [Leili, 2000, с. 139-148]. Пеасе Амат в своей работе исследует классификацию, предложенную Боркором (Borkor). По его мнению, классификация пословиц содержит всего 10 групп: пословицы, в которых упоминаются Бог, боги, мать-земля, реки и другие духи вселенной; пословицы о животных и людях; пословицы, которые имеют дело с историческими эпизодами; пословицы, в которых упоминаются части тела, такие как уши, руки, глаза и мозг; пословицы о животных; пословицы, которые относятся к общему состоянию человека, его судьбе и его вере; пословицы, которые касаются предметов природы и искусства, например, домашних или диких животных, растений и минералов; пословицы, которые относятся к интеллектуальным свойствам человека, например, мудрость, глупость, грубость и т. д.; пословицы, которые относятся к моральным ценностям, например, патриотизм, любовь, единство, трудолюбие, терпение, справедливость, правдивость, лояльность [Peace Amate, 2011, с. 23-24].

Китайский ученый Ли Чжэньи более подробно разделяет пословицы. По его мнению, существует 45 подгрупп пословиц: семья и родство, брак и любовь, мужчина и женщина, судьба человека, время и жизнь, удача, ошибка, сотрудничество и т. д. [厉振仪, 2010].

Кроме того, пословицы могут классифицироваться и по совсем иному признаку: традиционные пословицы и антипословицы [Вальтер&Мокиенко, 2005; Mieder&Litovkina, 2002]. Антипословицы создаются в результате контаминации паремий и представляют собой трансформированные пословицы, пословицы-трансформы, переиначенные мудрости, индивидуально-авторские преобразования [Ханмурзаева, 2015]. Антипословицы практически всегда находятся в движении, так как во время активного употребления традиционной пословицы появляется потребность в создании новой формы.

Контаминация возникает в результате ассоциативного или синтагматического взаимодействия языковых единиц, приводя к семантическому или формальному изменению или образованию новой языковой единицы [Ахманова, 1966, с. 206].

Согласно Ж. Марузо, контаминацию можно рассматривать как воздействие, оказываемое одним компонентом на другой, с которым первый связан либо постоянно, либо случайно, но таким образом, что между ними осуществляется скрещивание [Марузо, 1960, с. 139].

По мнению У. А. Ворониной и О. А. Гудковой, можно выделить следующие типы контаминации пословицы: 1) пословица + пословица; 2) пословица + добавление слов (не паремий); 3) пословица + поговорка; 4) пословица + фразеологизм; 5) пословица + повествователь + неожиданное добавление; 6) особый тип — объединение нескольких секвенций [Воронина, Гудкова, 2018, с. 25-26].

Например: новая русская паремия "Любишь кататься — имей сто рублей" приобретает значение «получить удовольствие можно только при наличии денег» [Влавацкая, Зайкина, 2018, с. 90-91]. Другие примеры приведем из английского языка: "Honesty is the best policy" превращается в "Proverbs/Beauty is the best policy"; "Better late than never" превращается в

"Better late than sorry" [Кирсанова, 2014, с. 91-95].

А. М. Бабкин отмечает, что образование новых фразеологических единиц в результате контаминации представляет глубже понять и убедительно интерпретировать природу фразеологической единицы как явления семантического по преимуществу [Бабкин, 1970, с. 31]. Так, контаминация двух и более устойчивых выражений позволяет говорящему повысить экспрессию и усилить эффект воздействия своей речи.

Таким образом, единой классификации пословиц ни в русской, ни в китайской лингвистической традиции нет. Для анализа функционирования китайских пословиц в российском масс-медийном дискурсе мы будем использовать тематическую классификацию и классификацию по типам лексико-семантических трансформаций пословиц. Одним из видов структурно-семантической трансформации, значимым для настоящего исследования, является явление паремиологической контаминации.

1.2.2 Типы китайских пословиц

Подробное рассмотрение типов китайских пословиц необходимо нам для установления конкретных и точных китайских прототипов тех пословиц, которые заявлены как китайские пословицы в российском масс-медийном дискурсе. Отметим, что не все пословицы, заявленные как китайские, являются таковыми на самом деле. Для установления китайского происхождения пословицы и степени ее трансформации или паремиологической контаминации нам необходимо выполнить исследование словарных источников и собраний соответствующих типов паремий, а для этого следует указать, какие типы пословиц выделяют в китайском языке.

Термин *пословица* в китайском языке обладает более широким значением, чем в русском языке. Многие китайские ученые не различают пословицы и поговорки [温端政, 2003; 马国凡, 1978]. Вэнь Дуаньчжэн отмечает, что под пословицей подразумеваются все речения, создаваемые народом, имеющие просторечный, разговорный характер, отличающиеся устойчивостью структуры и лаконичностью [温端政, 2003]. При этом, Ж. Б. Тарова пишет, что пословицы в китайском языке обычно соотносятся с книжным стилем речи и представляют собой цитаты древних источников, поговорка же носит более разговорный характер. Русскому пониманию пословицы и поговорки соответствуют термины суюй (俗语) и сехоуюй (歇后语) [Тарова, 2012, с. 119]. Чэнъюй, то есть «готовое выражение», по мнению О. А. Корнилова, тоже рассматривается как особый род китайских пословиц, они имеют литературный источник, чаще всего из какой-нибудь притчи, которые очень любили использовать в своих трактатах китайские философы древности [Корнилов, 2005, с. 5-6].

Мы считаем, что китайские пословицы включают в себя, в основном, «яньюй», «суюй», «сехоуюй» и «чэнъюй».

1) *Яньюй* (пословицы, народные речения). По происхождению яньюй относится к древним временам, история которых насчитывает уже тысячелетия. С появлением письма пословицы стали записывать, их можно обнаружить в древних китайских литературных памятниках. Яньюй впервые появились в древних памятниках в значении *поговорка* [温端政, 2003, 2004]. Яньюй в широком смысле рассматривается как описательная единица языка — относительно фиксированное предложение, характеризующееся семантической завершенностью [郭绍虞, 1921; 王德春, 2003].

Исследование яньюй проходит в рамках современных теоретических методик и способов сопоставительной лингвистики, когнитивной лингвистики, психолингвистики. Выявляют их происхождение, культурное значение, языковые характеристики, социальное функционирование [王德春, 2003], особенно быстро развивается когнитивное исследование пословиц, целью которого является раскрытие когнитивного механизма и когнитивных особенностей яньюй [张辉, 2003; 寇福明, 2007].

2) *Суюй* (поговорки). Яньюй становится суюй в том случае, когда получает широкую популярность [曲彦斌, 1996]. Таким образом, в китайской языковой системе, мы принимаем суюй как особый тип

пословицы. Название *суюй* впервые появилось в период Западной Хань, в качестве термина он широко употреблялся в древних китайских произведениях. Ван Цинь указывает, что существует немало ученых, которые полагают, что суюй имеет два значения, с одной стороны, это пословицы, а с другой, суюй рассматривается как сленг, просторечие [王勤, 1990].

Термин *суюй* долгое время был размытым. Между суюй и яньюй нет строгого разграничения [徐宗才, 1985；叶芳来, 2005；曹聪孙, 1985]. Суюй — это популярная народная фраза [《辞海》, 1979；《现代汉语词典》, 2005；徐宗才, 1985], она является простейшей формой фольклора, передается из поколения в поколение, является обобщением народного опыта и (в немалой степени) классовой борьбы, в ней отражаются жизненный опыт, философия жизни [刘凯, 1980], образное сравнение, выразительность и экспрессивность [钟敬文, 1980].

3) *Сехоуй* (недоговорки-иносказания). В современном китайском языке столь же широко, как пословицы и поговорки распространен еще один жанр народных речений — сехоуй, «речение с усекаемой концовкой» [Зайцева, Захарова, 2014], которое в других языках не может найти соответствующего аналога. Происхождение сехоуй восходит к династии Тан, а название *сехоуй* выдвинул Хун Май в династии Сун. С 1920-х годов проводилось активное исследование сехоуй, появилось много выдающихся ученых в данной сфере [马国凡, 1978；温端政, 2004].

В России фундаментальное изучение данного типа речения началось с монографического исследования М. Г. Прядохина [Прядохин, 1977]. Вслед за ним его изучали другие ученые [Лемешко, Белоглазова, 2009；Атаманова, 2014；Ши Лэй, 2014].

Структурная организация характеризуется двучленным составом, они образованы двумя составляющими [Лемешко, Белоглазова, 2009；Атаманова, 2014]. Ю. Г. Лемешко и М. М. Белоглазова пишут: «Первая часть из них является описательной частью и представлена предложением, это образное выражение своего рода загадка, вторая часть — аллегорической частью, являющейся словосочетанием или, значительно реже, небольшим предложением, она раскрывает смысл первой части» [Лемешко, Белоглазова, 2009]. Е. А. Атаманова и И. В. Войцехович отмечают: «первая часть сехоуй представляет собой иносказания, а вторая раскрытие данного иносказания, эти речения могут употребляться как в полной форме, так и в усеченной форме, то есть только одна первая часть» [Атаманова, 2014], например: 狗拿耗子 —— 多管闲事 (*Собака ловит мышей — не своим делом занимается*), 响鼓不用重锤 (*В звонкий барабан не нужно бить сильно — чуть коснешься и звучит*), что доказывает, что в выражениях воплощаются сравнение, образность и юмор [Войцехович, 2007, с. 129-207].

Главными персонажами сехоуй обычно являются не только люди, но и животные, а также герои китайских мифов, легенд и классических произведений [温端政, 2004], например: 老鼠爬进书箱里——咬文嚼字 (*Крыса залезла в книжный ящик — глотать и грызть иероглифы и текст*) (метафорическое значение); 猪八戒读书——竟充识字的 (*букв.: Чжу Бацзе читает — как будто грамотный*) (легенда) [Ши Лэй, 2014].

4) Чэнъюй (идиомы, устойчивые выражения). Глубокое научное исследование чэнъюй было проведено Ма Гофанем и Лу Чжоцюнем, они описывали основные типы и структурные характеристики фразеологических единиц в китайском языке. Чэнъюй вместе с пословицами, поговорками составляет народный фонд фразеологии [马国凡, 1978; 卢卓群, 1992]. Чэнъюй, также его называют китайскими идиомами [Корнилов, 2005; Слипченко, 2016], неоднократно подвергались исследованию в России, это устойчивое фразеологическое словосочетание, которое построено по нормам древнекитайского языка вэньяня, семантически монолитное, обобщенное переносное значение [Войцехович, 2007; Браташова, Луханина, 2016; Чэнь Шуан, 2013; Линь Лю, 2012; Ступникова, 2012]. Чэнъюй — готовые выражения [陈秀兰, 2003; 赵红棉, 1992], они характеризуются архаичностью лексики, к примеру: 水滴石穿 (*Вода спала — камни*

обнажились）［Браташова, Луханина, 2016］.

Чэнъюй, как правило, составляет из трех до двадцати слогов или только из трех иероглифов［Котельникова, 2016］, например: 铁杵磨成针（*тереть железный пест пока не получится игла*）; 意中人（*милый сердцу человек*）, 心有灵犀一点通（*понять друг друга сердцем и умом*）. Иногда чэнъюй — сказка-идиома: 狐假虎威（*Лис и тем грозен, что царь зверей за него*）; 螳螂捕蝉（*Богомол набросился на цикаду*）; 守株待兔（*Охотник ждёт у дерева зайца*）［Чэнь Шуан, 2007, 8-9］.

В чэнъюй отражаются все стороны культурной жизни: кухня, одежда, системы мер, география, история, обычаи, традиции, музыка, архитектура, скульптура［Чэнь Шуан, 2007］. Кроме того, в чэнъюй воплощаются черты характера человека: терпение, вспыльчивость, трудолюбие, лень, уважение старших, хитрость, жадность, щедрость［Малышева, 2017］. Чэнъюй как наиболее лаконичные единицы высоко выразительны и используемы, их употребление отвечает китайскому национальному менталитету［Журавлева, 2003］. Таким образом, чэнъюй как своеобразная и уникальная часть пословичной системы входит в предмет нашего исследования.

Итак, можно сделать вывод о том, что китайская пословица（в широком смысле янъюй）влючает сехоуюй（пословицы）, суюй（поговорки）, а также часть чэнъюй（идиомы, устойчивые выражения）.

Кроме того, у многих пословиц есть свои источники, и со временем, изречения известных людей также превращаются в поговорки и пословицы, таким образом, китайская мудрость, изречения известных людей（Лао Цзы, Конфуций и т. п.）также рассматриваются как наш объект исследования.

1.3   Дискурс как призма реализации пословичных смыслов

Дискурс служит средством реализации пословичных значений. В

настоящее время многие ученые посвящают научные труды изучению функционирования пословиц в разных типах дискурса. Поскольку цитирование пословиц стало особенно популярным в средствах массовой информации, остановимся на масс-медийном дискурсе более подробно.

1.3.1 Понятие «дискурс». Масс-медийный дискурс

Дискурс рассматривается в лингвистике как особый феномен, сверхфразовое образование, осложненное экстралингвистическими факторами. Определение понятия «дискурс» является проблемой многих областей знания, исследованием данного явления занимаются многие гуманитарные науки. Свой вклад в развитие дискурсологии вносят философия, антропология, социология, психология, имиджелогия, теория коммуникации и собственно лингвистика [Данилова, 2015, с. 345-349].

Слово *дискурс* произошло от латинского *discursus* — рассуждение, довод. Понятие *дискурс* в англоязычных и франкоязычных культурах (где оно получило широкое распространение) обычно определяется как речь или выступление. Однако термин *дискурс* до сих пор не получил однозначной трактовки ни в одной из вышеназванных наук.

В науке о языке также нет его единого определения, напротив, существуют многочисленные мнения в зависимости от подхода, принятого автором [Арутюнова, 1990; Кибрик, 1994; Степанов, 1995; Ревзина, 1999; Алефиренко, 2007; Кубрякова, 2002; Пеше, 1999; Карасик, 2002; Кашкин, 2005; Прохоров, 2006; Григорьева, 2007; Полонский, 2007; Клушина, 2008; Приходько, 2009].

Так, П. Серио выделяет восемь значений термина *дискурс*: 1) эквивалент понятия «речь», то есть любое конкретное высказывание; 2) единица, по размерам превосходящая фразу; 3) воздействие высказывания на его получателя с учетом ситуации; 4) беседа как основной тип высказывания; 5) речь с позиции говорящего в противоположность повествованию, которое не учитывает такой позиции; 6) употребление единиц языка, их речевая актуализация; 7) социально или идеологически ограниченный тип высказываний, характерный для определенного вида социума; 8) теоретический конструкт, предназначенный для исследований производства текста [Серио, 1999. с. 26-27].

Ю. С. Степанов считает, что дискурс — это первоначально особое использование языка для выражения особой ментальности, в данном случае также особой идеологии; особое использование влечет активизацию некоторых черт языка, особую грамматику и особые правила лексики, и, в конечном счете, создает особый «ментальный мир» [Степанов, 1995, с. 38].

В ходе анализа различных трактовок М. Л. Макаров приходит к выводу, что определение дискурса имеет три аспекта: формальный, функциональный, ситуативный [Макаров, 1998, с. 68-75]. С точки зрения формальной интерпретации дискурс представляет собой образование выше уровня предложения. В этом смысле дискурс представлен сверхфразовым единством, сложным синтаксическим целым, выражаемым как абзац или серия реплик в диалоге. М. Л. Макаров отмечает, что функциональная интерпретация — это понимание дискурса как использования (употребления) языка, т. е. речи во всех ее разновидностях. Ситуативная интерпретация дискурса, по М. Л. Макарову, предполагает учет социальных, психологических, культурно значимых условий и обстоятельств общения, т. е. помещает дискурс в область лингво-прагматического исследования, поэтому дискурс часто рассматривался со стороны социолингвистики, этнографии коммуникации, когнитивной лингвистики и психолингвистики [Макаров, 1998, с. 63-75].

Именно ситуативная интерпретация дискурса раскрывается в Большом энциклопедическом словаре «Языкознание», где дискурс определяется как «связный текст в совокупности с экстралингвистическими, прагматическими, социокультурными, психологическими и другими факторами; текст, взятый в событийном аспекте; речь, рассматриваемая как целенаправленное, социальное действие, как компонент, участвующий во взаимодействии людей и механизмах их сознания (когнитивных процессах)» [Дискурс..., 1998, с. 136-137].

Н. Д. Арутюнова пишет, что дискурс — это речь, погруженная в жизнь [Арутюнова, 1990]. Следовательно, дискурс — это сложное коммуникативное явление, связанное с экстралингвистическими факторами.

А. В. Полонский считает, что дискурс — это и есть «запись», т. е. объективация (процесс и результат) «движения» и «синтаксиса» мысли в поликодовом образовании. Автор указывает, что мысль человека в процессе социально-коммуникативного взаимодействия осуществляется не хаотично, а зависит, с одной стороны, от принципов смыслового ассоциирования («притяжения» и «отталкивания»), а с другой — от способа организации коммуникативных процессов в системе социального взаимодействия. Автор считает, что дискурс является целостным феноменом социально-коммуникативного опыта человека [Полонский, 2011, с. 169-179].

Вместе с дискурсом предметом обсуждения лингвистов является и текст. Некоторые лингвисты различают их, а некоторые даже связывают их. Как пишет А. А. Кибрик, дискурс — более широкое понятие, чем текст: под дискурсом можно понимать одновременно и процесс языковой деятельности, и ее результат [Кибрик, 2013].

Дискурсы могут подразделяться на типы по разным критериям, например, на устный дискурс и письменный дискурс. Выделяются также мысленный дискурс, электронный дискурс, дискурс, охватывающий канал передачи как визуальный, так и акустический. Дискурсы также могут классифицировать и исследовать по жанрам. А. А. Кибрик рассматривает независимый от модуса и жанра третий аспект дискурса — по функциональному стилю [Кибрик, 2013, с. 11]. Г. Я. Солганик также утверждает, что типы дискурсов совпадают с функциональными стилями и выделяет: 1) бытовой; 2) научный; 3) официальный; 4) публицистический; 5) художественный дискурс [Солганик, 2005].

Таким образом, дискурс — это сложное коммуникативное явление, отражающее различные языковые и экстралингвистические черты; дискурс образует коммуникативное пространство человека, формирует среду для передачи сообщения, достижения коммуникативной цели.

В настоящем исследовании мы солидарны с мнением Н. Д. Арутюновой в том, что дискурс обращен к «прагматической ситуации, которая привлекается для определения связности дискурса, его коммуникативной адекватности, для выявления его импликаций и пресуппозиций, для его интерпретации» [Арутюнова, 1998]. С другой стороны, для данного исследования также важно положение Р. М. Фрумкиной о том, что дискурс обращен к этнографическим, психологическим и социокультурным факторам, к ментальным процессам участников коммуникации, правилам и стратегиями понимания речи [Фрумкина, 2001].

Настоящее исследование выполнено на материале масс-медийного дискурса, поэтому необходимо остановиться на нем более подробно.

Критерии выделения того или иного вида дискурса определяются по-разному, одним из возможных критериев анализа дискурса, как считают многие ученые, может быть тема или сфера деятельности и общения.

В. И. Карасик выделяет два основных типа дискурса: персональный дискурс и институциональный дискурс [Карасик, 2002]. Ко второму типу он относит массово-информационный дискурс. А. С. Рототова говорит, что сегодня выделяют и дискурс СМИ [Там же]. О. Ф. Русакова в коллективной монографии « Современные теории дискурса » предлагает свою классификацию этого явления, выделяя несколько типов дискурсов, в том числе медиа-дискурс [Русакова, 2006, с. 29]. Это свидетельствует о том, что медиадискурс, или дискурс СМИ, признан лингвистами, это понятие прочно вошло в обиход науки о языке, что является вполне закономерным следствием активного распространения как концепции дискурса вообще, так и дискурсивного анализа в частности.

Масс-медийный дискурс, или медиадискурс, это функциональнообусловленный тип дискурса, который понимается как совокупность речевых практик и продуктов речевой деятельности в сфере массовой коммуникации во всем богатстве и сложности их взаимодействия [Добросклонская, 2016, с. 13-22].

Понятие «масс-медийный дискурс» относится к проблемному полю массовой коммуникации как процессу обмена информацией между всеми субъектами общества, нацеленного на формирование общественного мнения по поводу социально значимого фрагмента бытия [Абрамова, 2014, с. 17]. Таким образом, масс-медиа представляют собой социально обусловленное явление с основной функцией воздействия через смысловую и оценочную информацию.

Массовая коммуникация как вид речевой деятельности является «социально обусловленным процессом» [Конецкая, 1997, с. 34], получателем масс-медийного сообщения является широкая аудитория — массовая и неоднородная, поэтому масс-медийный текст должен быть понятен массовому потребителю [Солганик, 2005].

Таким образом, как пишет Е. С. Абрамова, «дискурс массмедиа — это социально когнитивный и социально регулятивный механизм, непосредственно направленный как на социальное самопознание и на социальное конструирование, а также на объективацию и моделирование общественного сознания посредством доставки аудитории социально значимых смыслов и оценок [Абрамова, 2014, с. 18].

Итак, масс-медийный дискурс представляет нам широкий спектр сфер, в которых может быть выполнено исследование пословиц, которые демонстрируют национальный менталитет.

Особенно интересно лингвокультурное и когнитивное исследование пословиц в инокультурном медиа пространстве. Н. Ф. Алефиренко уточняет, что масс-медийный дискурс — это, с одной стороны, «речемыслительное образование событийного характера в совокупности и прагматическими, социокультурными, психологическими, паралингвистическими и другими факторами», а с другой стороны, это «социальная деятельность, в рамках которой ведущую роль играют когнитивные образования, фокусирующие в себе различные аспекты внутреннего мира языковой личности. Дискурс, преломляя и интерпретируя поступающую в языковое сознание информацию, становится своеобразным смыслогенерирующим и миропорождающим устройством» [Алефиренко, 2009, с. 7-17].

Чтобы понять, что такое масс-медийный дискурс, нам необходимо обратить внимание на масс-медиа. Масс-медиа — это коммуникативно-когнитивный феномен, востребованный обществом с целью обеспечения процесса своего самопознания и формирования общественного мнения, то есть оценочного суждения о действительности.

По словам Г. Я. Солганика, «публицистическое пространство — это, прежде всего, социальное пространство, образующее формально-содержательную рамку, внутри которой функционируют, действуют, сталкиваются политические, философские, экономические, финансовые, культурные и все другие возможные идеи, составляющие внутреннее пространство, т. е. содержание, тесно взаимодействующее с внешним — социальным пространством. В его пределах другие информационные пространства могут смешиваться, а могут выступать в сравнительно чистом виде» [Солганик, 2005, с. 13-30].

Масс-медиа являются субъектами производства, воспроизводства и трансляции ценностных смыслов. Масс-медиа «совершают выбор, когда из миллиона событий на страницу попадают только сотни. Выбор должен опираться на определенные ценностные фильтры» [Почепцов, 2003, с. 356].

От той или иной интерпретации, представленной в масс-медиа, зависит, попадет ли определенная информация в фокус общественного внимания и обретет социальный статус. Социальная позиция масс-медиа и специфика целевой аудитории определяет, как отобрать и подать материалы, чтобы привлечь внимание аудитории [Почепцов, 2003].

Для осмысления специфики масс-медийного дискурса необходимо иметь в виду, что особенностью современных масс-медиа является обязанность «постоянно находиться в настоящем, в точке, где действие происходит в данный конкретный момент времени» [Цуладзе, 2003, с. 223].

Концепция медиадискурса основывается на многих подходах, позволяя составить объемное представление о речевой деятельности в сфере масс-медиа. Масс-медийный дискурс охватывает не только вербальные сообщения сквозь медиаканалы, но и все лингвокультурные факторы, социальные, исторические, идеологические аспекты. В масс-медиа входят разные контексты — политические, спортивные, медицинские и др. Медиатизация политики способствовала выделению политического медиа дискурса в отдельный тип [Добросклонская, 2016, с. 15]. Новости выполняют весьма важную функцию, являясь стержневым компонентом масс-медийного дискурса, вокруг которого выстраивается весь остальной медиа-контент.

Итак, новости служат одним из важных материалов всех медиа текстов, новостные тексты в общем корпусе масс-медийного дискурса естественно отражают одну из основных функций массовой коммуникации — информационную. В последнее десятилетие с ростом общения людей через Интернет, во многих странах появляются специальные новостные агентства, целью которых является распространение влияния своих культур в мировом информационном пространстве, к значимым проектам относятся такие, как ИТАР-ТАСС (Россия), Первый канал (Россия), Chinese Central Television (Китай). Они предоставляют нам огромное количество информации.

По словам А. П. Чудинова, «в масс-медийном слове, ориентированном на оценочную номинацию как борьбу за базовые ценности и метафору как «основную ментальную операцию, как способ познания, структурирования и объяснения мира» [Чудинов, 2004, с. 175], отражается как личностно-смысловое, так и социально-смысловое отношение человека к действительности.

В результате пересечения дискурсов, развивается так называемый гибридный дискурс, который одновременно включает в себя два или больше видов дискурса, например, политический масс-медийный дискурс, медиа дискурс моды [Гапутина, 2017, с. 192-196].

Таким образом, масс-медийный дискурс охватывает многие сферы, в которых отражаются разные стороны общества, впрочем, масс-медийный дискурс — достаточно открытая система, в которую могут входить различные новые типы дискурса. В масс-медийном дискурсе отражается мировоззрение человека, его идеология, менталитет народа.

Для настоящего исследования важно, что масс-медийный дискурс, имея социальный статус, направляет фокус общественного внимания и формирует общественное мнение. Целевая аудитория масс-медиа определяет, какие языковые выражения, предложенные СМИ для освещения разных тем, будут отобраны и попадут в коммуникативное пространство общества. Масс-медиа является источником вхождения новых выражений в узуальное употребление. В этом смысле велика значимость российского масс-медийного дискурса как источника введения и распространения китайских пословиц в российском коммуникативном пространстве.

1.3.2 Когнитивно-дискурсивный подход к изучению пословицы

В настоящее время как отмечает Е. С. Кубрякова, когнитивно-дискурсивный подход, основанный на положении о неразрывном единстве когниции и коммуникации [Кубрякова, 2009, с. 5-13], получает воплощение в целом ряде работ [Кибрик, 1994; Будаев, Чудинов, 2007, 2008; Кубрякова, 2004; Цурикова, 2003; 张辉, 2003; 寇福明, 2007]. Он получает бурное развитие, изучая функционирование языковых единиц. Такой подход к языковым единицам позволяет интегрировать когнитивно-дискурсивные исследования и прагматический анализ.

Известный языковед Н. Ф. Алефиренко пишет: «Языковая прагматика, опираясь на когнитивную лингвистику, исходит из практических и коммуникативных действий человека, реализация и интерпретация определенных стратегий речевого общения не могут осуществляться без учета многообразных личностных и социокультурных аспектов коммуникативного процесса» [Алефиренко, 2014, с. 16-27].

Особую роль в сложении когнитивно-дискурсивного подхода сыграла когнитивная лингвистика, которая сформировалась как интеграция когнитивной науки с лингвистикой. Главный посыл когнитивной лингвистики в том, что языковые способности человека — это часть его когнитивных способностей [Рахилина, 2000]. К представителям когнитивного подхода в семантике причисляют, например, Дж. Лакоффа, Р. Лэнгекера, Р. Джэкендоффа, Ч. Филлмора, Л. Талми и др. Перед когнитивной лингвистикой ставятся в настоящее время три главные проблемы: понимание природы языкового значения, его усвоение, его использование [Метлина, 2012, с. 132-133].

В рамках когнитивного подхода двумя главными функциями языка признаются когнитивная и коммуникативная во всем многообразии их взаимодействия [Кубрякова, 2004]. В когнитивно-дискурсивном направлении сам дискурс рассматривается как сложная, комплексная деятельность, включающая в себя коммуникативную, практическую, профессиональную деятельность, опосредованную речевой деятельностью. Как интегративный подход к языковым единицам, когнитивно-дискурсивный подход предлагает рассматривать дискурс в аспекте взаимосвязи внешней и внутренней деятельности [Залевская, 2007].

Для настоящего исследования важным является изучение особенностей функционирования китайской пословицы в русскоязычном дискурсе посредством анализа когнитивно-дискурсивных уровней (внутренняя форма и внешняя форма с учетом контекстуальной вариативности, значение и контекстуально-обусловленный смысл пословицы, включая все коннотативные приращения). Когнитивные аспекты пословицы могут быть описаны при помощи таких ключевых понятий, как «когнитивная база», «концептуальная система», «константы культуры», «картина мира», «национальное культурное пространство», «концептуализация», «категоризация», «восприятие», «когниция» [Маслова, 2004, с. 13-14; Шапочкин, 2012]. Все эти понятия связаны с когнитивной деятельностью человека, можно заключить, что и создание пословиц отражает один из видов когнитивной деятельности человека.

В исследовании пословиц нередко используется понятие «концепт», например, «счастье» [Ли Цианьхуа, Смирнов, 2013], «семья» [Ани Рахмат, 2013], «дружба» ([Мирзаян, 2012, Груздева, 2015, 何云霞, 2012]). Понятие «концепт» является объектом когнитивно-лингвокультурного исследования [Попова, Стернин, 2007; Карасик, Стернин, 2005]. Изучением концептов занимались такие ученые, как Н. Д. Арутюнова [Арутюнова, 1991, 1976, 1998], А. П. Бабушкин [Бабушкин, 1996], Н. Н. Болдырев [Болдырев, 1999], А. Вежбицкая [Вежбицкая, 2001], В. И. Карасик [Карасик, 2002, 2004], Ю. С. Степанов [Степанов, 2004].

Пословицы являются репрезентантами некоторых концептов. По мнению В. А. Масловой, концепт значительно шире, чем лексическое значение, это не любые понятия, а лишь наиболее сложные и важные из них, без которых трудно себе представить данную культуру [Маслова, 2004, с. 26-27], следовательно, на материале изучаемых нами китайских половиц правомерно исследовать концепты.

Необходимо подчеркнуть, что хотя различные культуры обладают различными чертами, однако в какой-то степени, культуры имеют нечто общее, что позволяет проводить сопоставительный анализ пословиц [Ду Юймэй, Ревенко, 2013; Александрова, Будагова, 2014; Чжан Лу, Обносов, 2009; Коновалова, Ян Кэ, 2012]. Сопоставлением пословиц занимается немало китайских ученых. Так, актуальной темой для исследований является сопоставление пословиц в неродственных языках, например, китайском и русском языках. Выполнен анализ концептов «добра» и «зла» в русских поговорках и пословицах [Ван Яцюн, 2016], «красоты» в русских и китайских фразеологизмах и пословицах, проведен также их сопоставительный анализ [张欣莉, 2014]. Сопоставление концептов «смерти» и «жизни» выполнено на примерах пословиц, поговорок в китайском и русском языках [Ван Яцюн, 2016].

Н. Ф. Алефиренко пишет, что методологической основой когнитивного подхода к паремиологии служат работы Ф. Джонсон-Лэрда, Дж. Лакоффа и М. Джонсона, Р. Лангакера, Ч. Филлмора, Ж. Фоконье и др. Особенно ожидаемой в науке является разработка методики осуществления когнитивно-дискурсивного моделирования пословично-поговорочных речений. Кроме того, обосновывается когнитивно-прагматический базис пословиц: (а) фрейм фокусирует прошлый предметно-чувственный опыт народа, (б) сценарий воплощает прагматические свойства пословицы: аксиологические, эмотивные, культурно-коннотативные, иллокутивные [Алефиренко, 2008]. Эти идеи воплощаются в трудах В. З. Демьянкова, Е. С. Кубряковой, Р. М. Фрумкиной [Демьянков, 2007; Кубрякова, 2004; Фрумкина, 2011].

Следует отметить, что требуется не только уточнить понятия когнитивной лингвистики применительно к исследованию пословиц, но и обосновать новые когнитивно-прагматические категории. Таким образом, это позволит открыть путь к лингвокогнитивному моделированию паремиологических единиц.

В изучении пословиц предлагается термин паремический микродискурс (термин В. Г. Борботько). О. Б. Абакумова говорит о существовании двух типов паремического дискурса. К первому типу относится совокупность пословичных мини-текстов, которые объединены общей темой. Пословицы здесь рассматриваются исследователями как «микротексты», соотносимые с одной или несколькими ценностями культуры, типичными ситуациями их использования, типичными дедуктивными функциями, а также они соотносятся друг с другом как варианты и и/или трансформы, их взаимоотношения могут строиться на принципах контраста, тождества, звукового подобия, использования одной синтаксической модели, одного образа и других типичных для этого жанра реляций, то есть находятся под влиянием системы пословиц данного языка. Второй тип паремического дискурса О. Б. Абакумова связывает с изучением пословиц в актуализованном режиме. Этот тип дискурса имеет прототипическую диалогическую структуру, хотя эксплицитно может быть выражен и монологом [Абакумова, 2012].

Именно второй тип паремического дискурса демонстрирует коммуникативную стратегию и выражается как коммуникативное действие. Вслед за сопоставительными исследованиями структуры и семантики китайских и русских пословиц появились работы по анализу функционирования китайских пословиц в российском коммуникативном пространстве [Гавриленко, Николаева, 2013]. О. В. Николаева и О. В. Гавриленко впервые рассмотрели проблему употребления китайских пословиц в российском дискурсе на материале газетных статей в рамках лингво-когнитивного и лингво-прагматического подходов [Там же].

Когнитивно-дискурсивный подход к пословицам характеризуется достижением определенной коммуникативной стратегии, поэтому для большинства исследователей интересны прагматические функции пословиц.

В исследованиях пословиц среди частых прагматических функций можно выделить следующие: функция привлечения внимания адресата, функция компрессии информации, экспрессивная функция; коммуникативная функция, регулятивная функция, поэтическая и эстетическая функция [Моисеева; Чудина, 2004; Смирнова, 2015; Абакумова, 2014]. Кроме того, Хоу Пу говорит, что пословицы создают гармоничную атмосферу, введут к новой теме [侯璞, 2012].

Таким образом, интеграция когнитивного и прагматического подходов в исследовании дискурса является важнейшим методологическим принципом функционального исследования пословиц. Дискурс, тем более масс-медийный дискурс, представляет собой значимую форму, реализующую важнейшие процессы социального самопознания. Изучение масс-медийного дискурса создает возможность выполнить комплексный анализ функционирования инокультурных (китайских) пословиц в российском коммуникативном пространстве в единстве прагматических и когнитивных аспектов.

Выводы по главе 1

В настоящем исследовании под пословицей понимается устойчивое, краткое и живое изречение, восходящее к фольклору. Пословица характеризуется назидательностью, точностью, завершенностью, а также одновременно обладает прямым и переносным значениями; выражает эмоции и оценку окружающего мира.

Пословица рассматривается как транслятор и аккумулятор традиций и народного опыта. Ее содержание аллегорически и эмоционально передает жизненные явления, традиции, характеры того или иного народа, его дух и менталитет.

Проблема классификации пословиц представляется одной из наиболее сложных и до сих пор не получивших однозначного решения. Наиболее распространенными являются классификации: алфавитная, тематическая, генетическая и классификация по опорным словам. Для анализа функционирования китайских пословиц в российском масс-медийном дискурсе наиболее целесообразными являются тематическая классификация и классификация по типам лексико-семантических трансформаций пословиц.

Устойчивые образования, названные в русскоязычном дискурсе китайскими пословицами, достаточно разнородны и включают в себя следующие типы: яньюй (пословицы), суюй (поговорки), сехоуюй (недоговорки-иносказания) и чэнъюй (идиомы, устойчивые выражения).

Мы исходим из положения о том, что масс-медиа являются регулярным источником вхождения новых слов и выражений в узуальное употребление, в том числе, источником вхождения многих иноязычных пословиц в национальное коммуникативное пространство. Масс-медиа доносят до читательской аудитории речи политических лидеров, известных государственных деятелей разных стран, интервью, пресс-конференции, в которых впервые употребляются многие устойчивые выражения. Цитируя их в своих обзорах, журналисты, тем самым, вводят их в широкое употребление.

Вследствие этого, мы подчеркиваем значимость российского масс-медийного дискурса как источника введения и распространения китайских пословиц в российском коммуникативном пространстве. Особенности употребления китайских пословиц в рамках масс-медийного дискурса следует изучать с позиций когнитивно-дискурсивного подхода, это дает возможность исследовать функциональные, прагматические и когнитивные характеристики пословиц.

Методика исследования функционирования китайских пословиц в российском масс-медийном дискурсе включает три этапа: изучение способов вхождения пословиц в российское коммуникативное пространство; исследование их когнитивно-метафорических характеристик; анализ их функций в российском масс-медийном дискурсе.

Глава 2 Когнитивные и прагматические аспекты функционирования китайских пословиц в российском масс-медийном дискурсе

2.1 Трансформации китайских пословиц в российском масс-медийном дискурсе

В современном российском коммуникативном пространстве наблюдаются многочисленные преобразования известных китайских пословиц, поговорок и других устойчивых выражений. Трансформированные китайские пословицы довольно активно функционируют и в современном российском масс-медийном пространстве. Трансформация представляет собой отклонение от нормы, которое может возникнуть вследствие многих причин: лингвистических, в том числе дискурсивных и прагматических, а также целого ряда экстралингвистических факторов (когнитивных, культурных, психологических). Так, к трансформациям ведут различия языкового строя, влияние контекста или ситуации употребления пословицы, незнание китайского оригинала пословицы, влияние сходных пословиц из русского или другого языка, экспрессивно-стилистическая импровизация для усиления воздействия на адресата и другие факторы.

Многочисленные трансформации китайских пословиц создают их *вторичную* вариативность, т. е. *вариативность в иной (российской) культуре*, в отличие от *первичной* вариативности, которую китайские пословицы получают в родной культуре.

Наиболее частотными являются структурные преобразования китайских пословиц. Поскольку русский и китайский языки являются языками разного строя, грамматические трансформации неизбежны в каждом случае цитирования китайских пословиц в русском языке.

Содержательные трансформации китайских пословиц возникают, например, вследствие влияния контекста, когнитивно-культурных факторов, общей ситуации употребления пословицы. Как отмечают О. В. Гавриленко и О. В. Николаева, можно выделить три типа содержательных трансформаций китайских паремий: трансформация образного компонента, трансформация понятийного компонента, трансформация ценностного компонента [Гавриленко, Николаева, 2013, с. 5-6].

В данной работе мы сосредоточили наше внимание на широкой вариативности китайских пословиц в русскоязычной среде масс-медиа, возникшей в результате различных трансформаций лексико-семантического уровня и структурно-семантических трансформаций как следствия паремиологической контаминации разных видов.

В рассмотренных нами примерах значительную часть составляют случаи трансформации китайских пословиц на лексико-семантическом уровне, за счет чего происходит трансформация понятийного, аксиологического и образного компонентов китайских пословиц. Такие изменения возникают как следствие следующих преобразований:

1. замены одного или нескольких лексических компонентов,

2. опущение одного или нескольких лексических компонентов,

3. добавления одного или нескольких лексических компонентов.

Кроме того, в исследованном пословичном материале выявлены случаи паремиологической контаминации китайских пословиц, которые свидетельствуют о наличии следующих типов структурно-семантических трансформаций:

4. замена составной части пословицы,

5. полная замена пословицы.

Отдельно следует выделить еще один тип трансформации, в котором объединяются несколько уже названных типов:

6. смешанный тип трансформации пословицы.

Естественно, для того чтобы исследовать китайские пословицы в российском масс-медийном пространстве, необходимо, прежде всего, знать их исходные формы и понимать их семантику, только в этом случае можно получить доступ к трансформированным формам в различных контекстах.

Необходимо подчеркнуть, что создание строгой классификации трансформаций весьма сложно из-за различия между культурами: одна и та же пословица может передаваться в медийном дискурсе разными способами. Использование трансформированных китайских пословиц в прессе связано с желанием людей пересмотреть привычные жизненные стереотипы. Трансформы — творчество не только журналистов, они являются способом, речевой игры, позволяющим людям разнообразить свою речь или усилить ее экспрессивность.

Рассмотрим каждый тип более подробно.

1. *Замена отдельных лексических компонентов пословицы*

Наиболее частотным видом трансформации является замена некоторых лексических компонентов. В исследуемом материале замечены замены лексем, выполняющих роль *пространственных*, *временных*, *количественных*, *цветовых* и иных идентификаторов. Рассмотрим китайскую пословицу 一年之计，莫如树谷；十年之计，莫如树木；终身之计，莫如树人 (*Рассчитываешь на год — сажай рис, рассчитываешь на десять лет — сажай деревья, рассчитываешь на всю жизнь — просвещай людей*) в следующем фрагменте публицистического текста: «*День экологических знаний ежегодно отмечается почти во всех странах мира ... Несомненно, экологическое просвещение становится при этом основой формирования экологической культуры. Недаром китайская мудрость гласит: Рассчитываешь на год — сажай рис.*

Рассчитываешь на десять лет — сажай деревья. Рассчитываешь на сто лет — просвещай людей» [Безформата, 17.04.2017].

Данная китайская пословица представляет собой извлечение из книги 《管子·权修》(«Гуаньцзы. Цуаньсю»). Она показывает, насколько трудно воспитать талантливых людей, объясняет необходимость долгосрочного планирования.

В процессе встраивания в иное культурное пространство происходит трансформация компонентов: исконный компонент в китайской пословице *«всю жизнь»* заменяется на *«сто лет»*, срок становится конкретным. В русской культуре выражение *сто лет* уже давно стало устойчивым и обозначает весьма длительный срок, практически всю жизнь, как, например, в высказывании *«Я не видел тебя сто лет»*.

Кроме того, анализ показывает, что данная трансформация в российском масс-медийном дискурсе происходит под влиянием современной китайской поговорки 十年树木，百年树人 (*Десятилетиями растят деревья, столетиями процветают люди*), которая представляет собой сокращенную форму исходной пословицы 一年之计，莫如树谷；十年之计，莫如树木；终身之计，莫如树人 (*Рассчитываешь на год — сажай рис, рассчитываешь на десять лет — сажай деревья, рассчитываешь на всю жизнь — просвещай людей*).

Китайская пословица	перевод		Пословица в российском дискурсе
十年树木，百年树人	Рассчитываешь на всю жизнь — просвещай людей	→	Рассчитываешь на сто лет — просвещай людей
Трансформированный компонент	всю жизнь	→	сто лет

Другим примером трансформации данного типа является китайская пословица 一白遮百丑 (*Одним белым закрывается сотня несовершенств*). Данная пословица употребляется в следующем фрагменте: *«На китайском* *телевидении предостаточно роликов, рекламирующих кремы для "магического отбеливания" кожи. Белый здесь является синонимом красивого, или, как гласит китайская пословица, <u>капля белого затмит 100 оттенков серости»</u>* [Безформата, 19.08.2014].

В данном фрагменте речь идет о том, что китайские женщины нашли новый способ защиты кожи от солнца. На пляжах города Циндао, расположенного на востоке страны, можно все чаще встретить дам в разноцветных балаклавах.

Исходная пословица связана с содержанием концепта «красота» в китайской культуре: белый цвет — это идеал, достижение его может сделать незаметными несовершенства.

Трансформация данной пословицы происходит таким образом: китайское понятие «несовершенство» заменяется в русскоязычном дискурсе на слово *серость*. Так пословица адаптируется к инокультурной среде. В переносном смысле в российской культуре «серость» обозначает «неприглядный», «неухоженный», «незаметный», «характеристика чего-то приниженного, недостойного». Таким образом проявляется творчество журналиста, создавшего игру цвета (*белый-серый*), которая отсутствовала в оригинальной китайской пословице.

Китайская пословица	Перевод		Пословица в российском дискурсе
一白遮百丑	Одним белым закрывается сотня несовершенств	→	Капля белого затмит 100 оттенков серости
Трансформированный компонент	несовершенство	→	серость

Итак, замена компонентов пословицы обусловлена прагматикой российского масс-медийного дискурса, национально-культурными особенностями российской целевой аудитории, стремлением обеспечить нужное восприятие пословицы и всего текста.

2. Добавление лексических компонентов

В российских масс-медийных текстах помимо замены компонентов, их добавление является одним из весьма важных способов трансформации китайских пословиц.

Обратимся к конкретному примеру. Китайская пословица 千里之行, 始于足下 (*Дорога в тысячу ли начинается с первого шага*) изменена следующим образом, например: «*Ни КНДР, ни Республика Корея (в рамках сотрудничества) не представлены, но ведутся активные переговоры. Надеемся, что и здесь будут подвижки. Япония пока проявила больший интерес к гуманитарной составляющей и соответствующим проектам, отметила она. Как гласит китайская пословица, <u>дорога в десять тысяч ли начинается с первого шага</u> — думаю, таким поступательным образом мы разовьем отношения с Республикой Корея, Японией, другими государствами Восточной Азии*» [ИТАР-ТАСС, 13.04.2017].

В данном фрагменте речь идет о сотрудничестве с Республикой Корея и Японией. В процессе встраивания в иное культурное пространство происходит трансформация с добавлением компонентов: к исконно китайской мере длины ли, эквивалентной 393 метрам, добавляется слово «*десять*». Расстояние в новой пословице 10 раз длиннее, чем в исконной пословице.

Китайская пословица	Перевод		Пословица в российском дискурсе
千里之行, 始于足下	Дорога в тысячу ли начинается с первого шага	→	дорога в десять тысяч ли начинается с первого шага
Трансформированный компонент	тысяча ли	→	десять тысяч ли

Примером данного типа трансформаций также является использование китайской пословицы 授之以鱼不如授之以渔 (*Не дай рыбу, а научи ловить рыбу / ловле*) во фрагменте следующего текста СМИ: «*В общем, это похоже на интерпретацию старой китайской мудрости про то, что, <u>дав человеку рыбу, ты обеспечишь его пищей на один день, а научив ловить рыбу, — на всю жизнь</u>. Наши левые предпочитают однодневную кормежку, важно, чтобы это был день принятия с пищей решений о допуске их к власти*» [Газета. ru, 08. 12. 2011].

Как видим, исконная китайская пословица перефразирована в более яркую и конкретную форму, добавленные части «*ты обеспечишь его пищей на один день*» и «*на всю жизнь*» составляют разительный контраст, поэтому читательской аудитории сразу понятен ее смысл. В данном фрагменте речь идет о том, что во время визита Натальи Ждановой в КНР она отметила, что китайские потребители заинтересованы в экологических продуктах из РФ. Трансформированная пословица более образно объясняет тот факт, что в рамках визита планируется придать новый мощный стимул развитию международных экономических отношений России и Китая.

Китайская пословица	Перевод		Пословица в российском дискурсе
授之以鱼不如授之以渔	не дай рыбу а научи ловить рыбу/ ловле	→	дав человеку рыбу, ты обеспечишь его пищей на один день, а научив ловить рыбу — на всю жизнь
Трансформированный компонент с добавлением	дай рыбу	+	ты обеспечишь его пищей на один день
	а научи ловить рыбу/ ловле	+	на всю жизнь

Пример показывает, что добавление компонентов пословицы обусловливается необходимостью адаптации к иноязычной культуре с целью актуализации образного национально-культурного потенциала, ориентированного, прежде всего, на систему культурных ценностей, выраженных в языке. Разумеется, такое добавление помогает осмыслить разные культурные системы, быть более открытыми к другой культуре.

Примеры свидетельствуют о том, что по своей природе китайские пословицы обильны метафорами, которые отражают национальный менталитет, культурные особенности [Телия, 1996; Маслова, 2004]. Выразительность и образность китайских пословиц позволяют объяснить, почему они довольно часто используются и легко понимаются в инокультурном пространстве.

3. Опущение лексических компонентов

Наряду с добавлением компонентов, при трансформации китайских пословиц возможно *опущение лексических компонентов*. Обратимся к следующему примеру. Китайская пословица 不登高山，不知天高 (*Не поднимаешься на высокую гору — не узнаешь высоты неба*) процитирована в следующем фрагменте текста российского медиадискурса: « *Старая китайская пословица гласит: Не поднимаешься на гору — не узнаешь высоты неба. На мой взгляд, Европа и Китай должны подняться на гору вместе, чтобы узнать преимущества экономического развития, которое приносит странам процветание* » [Рамблер, 15.07.2017].

Данная пословица является цитатой книги 《荀子·劝学》 («Сюнь-цзы. Цуаньсюэ») — 故不登高山，不知天之高也；不临深溪，不知地之厚也；不闻先王之遗言，不知学问之大也 (*Если не поднимусь на высокую гору, не узнаю высоты неба; не приближусь к глубокой реке, не узнаю толщины земли; не услышу завет правителей прежних эпох, не получу огромных знаний*), она показывает, что практика — единственный критерий истины.

Во фрагменте речь идет о том, что политические партии стран Центральной и Восточной Европы стремятся развивать более тесные связи с Китаем. Нужно отметить, что автор текста выбрал усеченный вариант пословицы — 不登高山，不知天之高也 (*Не поднимешься на высокую гору —*

не узнаешь высоты неба), а также опустил компонент *высокую*. Понятие *гора* в российском сознании реализуется широким смысловым спектром. На огромной территории России преобладают равнины и меньше высоких гор по сравнению с Китаем, а горой может называться и невысокий холм. Отсутствие уточнения, какая именно гора имеется в виду, более приемлемо для общероссийского коммуникативного пространства.

Китайская пословица	Перевод		Пословица в российском дискурсе
不登高山,不知天之高也	Не поднимаешься на высокую гору — не узнаешь высоты неба	→	Не поднимаешься на гору — не узнаешь высоты неба
Трансформированный компонент	высокую гору	→	гору

Стоит отметить, что опущение компонентов в пословице в некоторой степени приводит к семантическому расширению других компонентов. В данном примере расширение обусловлено экстралингвистической информацией, связанной с географическим различием между двумя странами, а также прагматической целью автора, необходимостью упрощения восприятия пословичной единицы российским коммуникативным сообществом.

Следующие типы трансформаций (*замена составной части пословицы и полная замена пословицы*) связаны с паремиологической *контаминацией* китайской пословицы в российском масс-медийном дискурсе.

Отметим, что понятие *контаминация* трактуется в данном исследовании довольно широко. Паремиологическая контаминация вызвана скрещиванием пословиц между собой (в том числе скрещиванием китайской и русской пословиц) или скрещиванием пословицы с другими языковыми единицами. Такое скрещивание всегда проявляется в измененной форме пословицы и в ее измененном содержании. В содержательном плане контаминация, в частности, может затрагивать (однако не всегда кардинально менять) *понятийный*, *аксиологический* или *образный* уровни, а также несколько уровней одновременно. Контаминация ведет к образованию новых, но узнаваемых в обществе языковых единиц, поскольку они содержат аллюзии на известные пословицы. Благодаря аллюзиям, происходит ментальное соотнесение нового языкового образования с исходной пословицей.

4. *Замена составной части пословицы*

В российском масс-медийном пространстве встречается паремиологическая контаминация, связанная с *заменой составной части пословицы*. В отличие от замены компонентов, данный тип характеризуется изменением части в целостной структуре.

Приведем в пример использование китайской пословицы 不出于户，以知天下；不窥于牖，以知天道 (*Не выходя со двора, мудрец познает мир. Не выглядывая из окна, он видит естественное Дао*) в следующем фрагменте медиатекста: «*И вот Кончаловский от путешествий и жизни на Западе неожиданно, но плавно переходит к теме мудрости. Он дал вариацию старой китайской пословицы: Мудрый познает жизнь не выходя со своего двора, а дуракам надо путешествовать*» [Российская газета, 28.11.2007].

В данном фрагменте речь идет о мудрости человека. После разговора с известным российским режиссером Андреем Кончаловским, автор заметил, что одно из главных удовольствий жизни — поговорить с человеком, который делает тебя хоть на секунду лучше или умнее.

Данная пословица возникла на основе изречения из книги «老子» (Лао Цзы) — 不出于户，以知天下；不窥于牖，以知天道；其出弥远，其知弥少；是以圣人不行而知，不见而明，弗为而成 (*Не выходя со двора, мудрец познает мир; Не выглядывая из окна, он видит естественное Дао; Чем дальше он идет, тем меньше познает; Поэтому мудрый человек не ходит, но познает. Не видя вещей, он называет их. Он, не действуя, творит*).

В процессе трансформации автор заменяет часть пословицы *не выглядывая из окна, он видит естественное Дао* на *а дуракам надо путешествовать*. Таким образом, используя выражение *а дуракам надо путешествовать*, автор иллюстрирует наглядный контраст между образами *мудрого* и *дурака*.

Китайская пословица	Перевод		Пословица в российском дискурсе
不出于户, 以知天下; 不窥于牖, 以知天道	Не выходя со двора, мудрец познает мир. Не выглядывая из окна, он видит естественное Дао	→	Мудрый познает жизнь не выходя со своего двора, а дуракам надо путешествовать
Трансформированный компонент	Не выглядывая из окна, он видит естественное Дао	→	а дуракам надо путешествовать

Другим примером является употребление китайской пословицы 酒香不怕巷子深 (*Хорошее вино не боится находиться в глубоком подвале*) в следующем фрагменте: «*Фужу — это консервированный соевый творог-доуфу, который готовят из соевого сыра. Фужу появился на несколько сотен лет позже самого доуфу. Старинная пословица гласит: доброе вино не нуждается в рекламе. Это же относится и к фужу*» [Российская газета, 05.12.2014].

В данном фрагменте статьи речь идет о фужу, который рассматривается как один из любимых блюд китайских эмигрантов. В процессе описания элемента китайской культуры автор ссылается на китайскую пословицу с изменением составной части пословицы *не боится находиться в глубоком подвале* на *не нуждается в рекламе*. Таким образом, когда данная китайская пословица входит в инокультурное пространство, то становится более привычной читательской аудитории, а главное — соответствует текущей речевой ситуации, т. е. пословица приближена к описываемому событию, поскольку отсутствие такого блюда нуждается в более яркой интерпретации.

Китайская пословица	Перевод		Пословица в российском дискурсе
酒香不怕巷子深	Хорошее вино не боится находиться в глубоком подвале	→	доброе вино не нуждается в рекламе
Трансформированный компонент	находиться в глубоком подвале	→	не нуждается в рекламе

В случае замены составной части пословицы при цитировании, как правило, от исходного текста остается лишь метафорический образ. Автор сворачивает весь текст пословицы в ее ключевой образ, фоновые знания своего языка позволяют российской читательской аудитории установить связь между образом и настоящим текстом, т. е. расшифровать мысль автора в свернутом виде.

5. *Полная замена пословицы* является еще одним типом паремиологической контаминации. Узнавание исходной пословицы возможно благодаря сохранению общего смысла, общей аксиологии, а также вследствие сопоставимости образов.

Так, китайская пословица 苍蝇不叮无缝的蛋 (*На яйцо без трещин муха не сядет*) показывает, что если человек замешан в неблаговидном поступке, то это значит, что у него самого действительно есть проблемы, т. е. он в чем-то виноват (мухи стремятся к дурному запаху). Данная пословица была когда-то процитирована на форуме, важнейшей темой которого были вопросы, связанные с борьбой с коррупцией, с борьбой за чистоту рядов кадровых работников власти, то есть чиновников различных уровней.

Пословицу перефразировали во фрагменте текста из информационного агентства «Интерфакс»: «*Сначала тело гниет изнутри, а уж потом появляются черви, по словам главы государства, "крупные дела, касающиеся нарушения дисциплины, законов, которые имели место внутри нашей партии, вызвали негативный политический резонанс и возмущение населения". Он призвал к жесткой борьбе с проявлениями взяточничества, казнокрадства на всех уровнях власти в стране»* [Интерфакс, 17. 03. 2013].

В российском масс-медийном дискурсе, контаминация привела к смене образов на смежные, в результате чего возник еще более неприглядный образ коррупции. Мы не можем в ней увидеть образы *мухи* и *яйца*, однако образы *гниющего тела* и *червя* являются еще более отталкивающими, привлеченными для усиления эмоционального отторжения феномена коррупции.

Китайская пословица	Перевод		Пословица в российском дискурсе
苍蝇不叮无缝的蛋	На яйцо без трещин муха не сядет	→	Сначала тело гниет изнутри, а уж потом появляются черви
Трансформированный компонент	полная смена пословицы		

Таким образом, контаминация пословицы может затрагивать и изменение образов при сохранении общего смысла, аксиологии и общего пословичного фрейма.

Другим доказательством существования данного типа контаминации является китайская пословица 鹬蚌相争, 渔翁得利 (*Птица-рыболов и устрица вцепились друг в друга, а выгода досталась рыбаку*) во фрагменте российского медиатекста: «*Попытки продолжать и повторять этот опыт не сулят ничего хорошего. Потенциальные последствия нашего провала после 2-3 лет поддержания этой гонки настолько серьезны для России, что лучше сконцентрироваться на обеспечении благосостояния как иного способа обеспечения безопасности … Не хотелось бы, чтобы кто-то воспринимал это буквально, но китайская пословица гласит, что <u>в схватке тигра и дракона</u>*

побеждает обезьяна» [Рамблер, 28.01.2016].

В данном фрагменте, где речь идет о международном положении, реализуется значение этой пословицы "в конфликте трех сторон выгода достается третьему". В процессе встраивания китайской пословицы в российское масс-медийное пространство автор прибегает к образам животных, широко ассоциируемым в сознании россиян с китайской культурой: *«тигра»*, *«дракона»*, *«обезьяны»*. Эти образы полностью заменяют исконные китайские образы *«птицы-рыболова»*, *«устрицы»*, *«рыбака»*.

Выявлено, что в данном случае происходит скрещивание нескольких китайских пословиц. Трансформация формируется под влиянием других китайских пословиц, таких как: 坐山观虎斗 (*Сидеть на горе и смотреть, как дерутся тигры*), 龙虎斗 (*Битва дракона с тигром*), 山中无老虎,猴子称大王 (*Когда в горах нет тигра, то и обезьяна будет царем*). Используя понятия «конфликта» и «битвы», соединяя различные образы животных, автор создает новую, более наглядную и привычную российскому сообществу пословичную единицу.

Исконная китайская пословица	Другие китайские пословицы	Образы, известные российскому сообществу	Трансформация (в российском медиадискурсе)
鹬蚌相争，渔翁得利 птица-рыболов и устрица вцепились друг в друга, а выгода досталась рыбаку	сидеть на горе и смотреть, как дерутся тигры (坐山观虎斗)	тигр	в схватке тигра и дракона побеждает обезьяна
	битва дракона с тигром(龙虎斗)	тигр дракон	
	когда в горах нет тигра, то и обезьяна будет царем (山中无老虎，猴子称大王)	тигр обезьяна	

Таким образом, полная замена пословицы, возможно, обусловлена, с одной стороны, хорошим знакомством автора с китайской культурой, в частности, с рассказами, притчами, а также способностью автора соединять несколько инокультурных пословиц, чтобы обеспечить их понимание российской читательской аудиторией. В таком случае трансформация применяется осознанно. С другой стороны, трансформация может быть и неосознанной, что происходит вследствие недостаточного знания китайской культуры, неточностью при воспроизведении китайской пословицы.

Отдельно мы выделяем следующий тип трансформации:

6. Смешанный тип трансформации

В ходе практического анализа было обнаружено, что чаще всего трансформация китайских пословиц в российском масс-медийном дискурсе идет по смешанному типу, т. е. в одном тексте одновременно происходит трансформация по двум или более описанным выше типам.

Например, нами обнаружен следующий подтип смешанного типа: *замена составной части + опущение компонентов китайской пословицы.*

Пословица 不管黑猫白猫，抓住老鼠就是好猫（*Неважно, какого цвета кошка, черная или белая, лишь бы она ловила мышей*）трансформируется данным способом в следующем фрагменте публицистического текста: «*О целевых программах движения доложил первый заместитель председателя исполкома ЦС, магистр государственного управления Валентин Цой. — Что касается нашей политической ориентации, хочу привести хорошую китайскую пословицу: неважно, какого цвета кошка. Главное — она должна хорошо делать свое дело, — заявил он*» [Коммерсантъ, 16.01.2001].

В данном процессе трансформации в первую очередь опущен компонент концепт «цвет» — «*черная или белая*», значимый для китайской культуры. Китайцы обращают большое внимание на белый и черный цвета неслучайно: это связано с даосской концепцией *инь-ян*, которая до сих пор значима для современных китайцев. Эти цвета отражают противоположности, существующие во всех феноменах. Но в российской культуре отсутствует понятие «*инь-ян*», поэтому цвет часто опускают (*Не важно, какого цвета кошка, лишь бы она ловила мышей*). На самом деле, учение *инь-ян* появилось в рабовладельческом обществе более 4000 лет назад при династии Западная Чжоу. Белый и черный цвет в качестве светлого и темного начала рассматриваются как свойства, внутренне присущие материальным предметам, противостояние которых вызывает развитие.

Отметим, что кросс-культурная коммуникация определяет необходимость употребления китайских пословиц в рамках их общего понимания. Оно должно соответствовать реальной ситуации, например, так составная часть пословицы «*лишь бы она ловила мышей*» изменяется на «*она должна хорошо делать свое дело*» в контексте статьи. Чтобы отразить политическую ситуацию в России, обратимся к схеме трансформации данной пословицы:

Китайская пословица 不管黑猫白猫，抓住老鼠就是好猫

（Неважно, какого цвета кошка, черная или белая, лишь бы она ловила мышей）

↓

опущенные компоненты	изменение составной части
черная или белая	она должна хорошо делать свое дело

↓

Неважно, какого цвета кошка. Главное — она должна хорошо делать свое дело

（в российском медиадискурсе）

Таким образом, благодаря трансформации данная пословица не описывает экономику, а более понятна аудитории в рамках политических вопросов（см. рис. 1）.

Рисунок 1　Изменение областей употребления китайской пословицы

Смешанный тип трансформации объединяет разные типы, он является инструментом адаптации российской читательской аудитории к другой культуре, также он рассматривается как один из способов языковой экономии. Целью смешанного типа является желание автора текста приспособить общеизвестную пословицу к конкретному событию, ситуации или явлению, о которых идет речь в той или иной статье российского медиадискурса.

Итак, мы можем сделать вывод о том, что трансформации китайских пословиц в российском масс-медийном дискурсе достаточно заметны. В связи с тем, что в пословицах отражаются особенности жизни и быта китайского народа, для китайских пословиц характерна необыкновенная выразительность и образность [Введенская, 1959, с. 3-5].

Заметим, что в российском масс-медийном пространстве одна и та же китайская пословица может подвергаться трансформациям различных типов. Примерами являются 千里之行，始于足下 (*Дорога в тысячу ли начинается с первого шага*) и 不管黑猫白猫，抓住老鼠就是好猫 (*Неважно, какого цвета кошка, черная или белая, лишь бы она ловила мышей*). Это зависит от степени знакомства читательской аудитории с китайскими пословицами: чем они известнее, тем легче подвергаются трансформации. Частотные пословицы, подвергающие различным типам трансформаций, показаны в таблице 2.

Таблица 2   Трансформации китайских пословиц путем нескольких различных способов в российском масс-медийном пространстве

Китайская пословица	Пример трансформации китайской пословицы	Тип трансформации в российском масс-медийном дискурсе
千里之行，始于足下 (Дорога в тысячу ли начинается с первого шага)	Даже дорога длиной 1000 км начинается с первого шага [Федералпресс, 02.06.2008]	замена компонентов *ли → км*
	«Даже путь в тысячу миль начинается с первого шага», для многих первым шагом и точкой отсчета стал наш Нефтегаз» [Безформата, 06.02.2015]	замена компонентов *ли → миль*
	Путешествие в 10 000 ли заканчивается одним шагом [Спорт-экспресс, 13.02.2006]	добавление компонентов *тысяч ли→ 10000 ли* замена компонентов *начинается→заканчивается*

不管黑猫白猫,抓住老鼠就是好猫 (Неважно, какого цвета кошка, черная или белая, лишь бы она ловила мышей)	Неважно, какого цвета кошка — черного или белого, все равно, это американская кошка [Комсомольская правда, 13.05.2017].	замена составной части пословицы *лишь бы она ловила мышей→все равно, это американская кошка*
	Не важно, какого цвета кошка, лишь бы она умела ловить мышей [Известия, 04.12.2007]	опущение компонентов *«черная или белая» исчезло*

В результате указанных трансформаций может изменяться понятийный, аксиологический и образный компоненты китайской пословицы. Так, например, пословицы, поговорки, крылатые выражения усекаются, перефразируются, до такой степени, что приобретают противоположное значение [Верещагин, Костомаров, 2005, с. 194-195]. Об этом свидетельствует приведенная выше трансформированная китайская пословица «*Путешествие в 10 000 ли заканчивается одним шагом*» [Спорт-экспресс, 13.02.2006].

Трансформация может привести к изменению смысла китайской пословицы. Такие трансформации характеризуются заменой структуры пословицы или изменением союзных слов в пословицах:

Китайская пословица	Дословный перевод	Один пример трансформации из российского дискурса
风向转变时，有人筑墙有人造风车	Когда дует ветер перемен, одни строят стену, другие строят ветряные мельницы	Завершая августовскую встречу, министр образования Владимир Иванов с педагогической тактичностью попросил коллег выйти из «тихой молчаливой оппозиции к переменам» и быть открытыми к новшествам. Он напомнил китайскую мудрость: «*Человек, почувствовавший ветер перемен, должен строить не щит от ветра, а ветряную мельницу*» [*Рамблер*, 23.08.2014]
	сочинительная связь→ одни строят стену, другие строят ветряные мельницы	противительная конструкция (с семантикой «предпочтения») не щит от ветра, а ветряную мельницу

Конечно есть сомнение о том, что какая-то пословица является китайской или нет, например, вышесказанная пословица "*Человек, почувствовавший ветер перемен, должен строить не щит от ветра, а ветряную мельницу*", в фрагменте есть "китайская мудрость", это признак свидетельствует о том, что данная пословица уже принята как "китайская". Об этом будем продолжать наше исследование в точности источников китайских пословиц.

В результате указанных трансформаций перефразированная китайская пословица может потерять метафору и образность. Примером является китайская пословица 虎父无犬子 (*От тигра не родится щенок*). Данная китайская пословица так звучала во фрагменте текста «*Независимой газеты*»: «*У отца-героя сын будет добрым молодцем, гласит китайская пословица. Русский аналог — "Яблоко от яблони недалеко падает"*» [Независимая газета, 10.04.2015].

Употребляя данную пословицу, автор интересуется фигурой отца в связи с впечатляющими достижениями его сына, и он даже не подозревал о масштабе сына.

В исконной китайской пословице присутствуют два образа животных — «*тигра*» и «*щенка*», которые противопоставляются друг другу по силе (см. рис. 2):

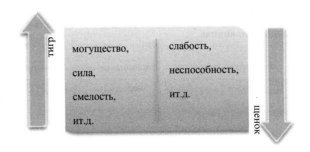

Рисунок 2   Противопоставление тигра щенку

В процессе трансформации автор, опуская образы животных, создает образы человека для читательской аудитории. Измененные образы более понятны русским. См. рис. 3.

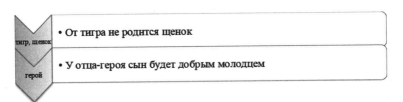

Рисунок 3   Трансформация китайской пословицы "虎父无犬子"

Итак, в российском масс-медийном пространстве трансформированные китайские пословицы играют важную роль в процессе передачи информации. Мы можем выделить следующие типы трансформаций по их количественной представленности в исследуемом материале:

1) замена компонентов;

2）добавление компонентов；

3）опущение компонентов；

4）замена составной части пословицы；

5）смешанный тип трансформации；

6）полная смена пословицы.

Таким образом，преобладает лексико-семантическая трансформация，
реже представлена паремиологическая контаминация. На основании
изучения 228 прототипов китайских пословиц в 777 публикациях в
российском масс-медийном дискурсе обнаружено 316 случаев лексико-
семантической трансформации и паремиологической контаминации
китайских пословиц.

Проиллюстрируем распределение трансформаций каждого типа（см.
рис. 4）.

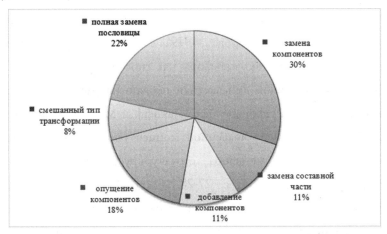

Рисунок 4   Распределение трансформаций китайских пословиц по

типам в российском масс-медийном дискурсе

2. 2 Реализация метафорического потенциала китайских пословиц в российском масс-медийном дискурсе

Интенсивное развитие когнитивной лингвистики стало толчком для исследований в рамках пословичной когнитологии. Изучение пословиц в когнитивном ракурсе может способствовать углубленному пониманию структуры человеческих знаний, поскольку пословичный фонд является по своей сути фрагментом культурно-когнитивной традиции. В когнитивной парадигме изучение пословиц расширяется за счет исследования пословичной метафоры [Клименова, 2009, с. 202].

Метафора — это перенесение свойств одного предмета, явления или аспекта бытия на другой по принципу их сходства в каком-либо отношении [Головин, 1973, с. 82; Диброва, 1979, с. 128; Розенталь, Теленкова, 1976, с. 176]. Рассмотрению метафоры как способа познания и восприятия мира в рамках когнитивной лингвистики посвящена работа Э. Маккормака «Когнитивная теория метафоры». Дж. Лакофф и М. Джонсон установили, что большая часть нашей обыденной концептуальной системы по своей природе метафорична, метафора структурирует нашу познавательную деятельность. [Лакофф, 2004, с. 27-28]. Метафора как отражение общих для определенной группы людей имплицитных категоризационных структур, оказывает значительное влияние на «конструирование социальной реальности» в дискурсе. Дискурс порождает метафоры, метафоры рассматриваются как «агенты дискурса» [Будаев, 2007].

Китайские пословицы характеризуются яркими метафорическими образами. На когнитивно-метафорические свойства пословицы накладываются взаимодействующие с процессами когниции культурные, социальные факторы. Метафора является средством большой убедительной силы, поэтому изучение китайской пословичной картины мира позволяет мгновенно схватывать суть явления или идеи, важной для китайского народа.

В ходе нашего практического исследования в российских медиатекстах обнаружено несколько видов метафор: анималистическая, онтологическая, антропоцентрическая, ориентационная и пространственная метафора.

Типы метафор, актуализированных в китайских пословицах, показаны в таблице 3.

Таблица 3   Типы метафор, актуализированных в китайских пословицах, обнаруженных в российском масс-медийном пространстве

Тип метафоры	Количество китайских пословиц
Анималистическая метафора	42
Онтологическая метафора	30
Антропоцентрическая метафора	24
Ориентационная метафора	8
Пространственная метафора	4

Итак, по количеству пословиц и их употреблений *анималистическая метафора* в российском масс-медийном пространстве является самой распространенной. К числу самых известных относятся такие китайские пословицы, как 初生牛犊不怕虎 (*Новорожденный теленок даже тигра не боится*); 一山不容二虎 (*На одной горе двум тиграм не жить*), 山中无老虎, 猴子称大王 (*Когда в лесу нет тигра, царем становится обезьяна*).

Обратимся к конкретному примеру. Китайская пословица 指鹿为马 (*Указывая на оленя, называть его лошадью*) используется в следующем фрагменте «*Новой газеты*»: «*Китайская поговорка указывая на оленя, называть его лошадью возникла из-за случая, который произошел в 207 г. до н. э. Тогда могущественный евнух Чжао Гао, задумав переворот, привел в дворец оленя и назвал его лошадью. Те, кто был преданы Чжао Гао, немедленно подтвердили, что это лошадь. Те придворные, которые неосторожно заявили, что это олень, были казнены за недостаточную верность»* [Новая газета, 22.03.2016].

В данном фрагменте речь идет о политических вопросах, позиция издания и автора статьи раскрывается привлечением анималистических образов *«оленя»* и *«лошади»*. Посредством непрямой референции создается сиюминутная аналогия, служащая прагматическим целям. Тем не менее, политический смысл выражается через пересказ фабулы.

Метафорическая проекция разворачивается в следующем направлении: от первичной актуализации образов зоосферы к культурно-историческому эпизоду Китая, а затем к политическим вопросам, затрагиваемым в российской газете.

Актуализация образов зоосферы	→	Культурно-исторический опыт Китая	→	Политическая сфера (в российском медиадискурсе)

Интересно, что анималистические образы универсальны и вполне доступы российской аудитории. Именно анималистические образы являются отправной точкой формирования адекватного восприятия данной паремии. Однако глубинный смысл пословицы раскрывается посредством культурно-специфичной фабулы, которая и создает необходимый модус при интерпретации китайской пословицы российскими читателями.

В целом мы нашли 42 подобные китайские пословицы в более чем 70 статьях. Чаще всего встречаются образы «лошадь», «тигр», «кошка», «мышь», «рыба». Самые распространенные пословицы приведены в таблице 4.

Таблица 4 Образы животных в пословицах, актуализированных в российском масс-медийном пространстве

Образ животного	Пример актуализации китайской пословицы в российском дискурсе	Пословица на китайском языке и ее дословный перевод на русский язык
虎 тигр	Ведь там и так ситуация слишком разогрета, поэтому усугублять ее не стоит. Есть очень точно характеризующая старинная китайская мудрость: «Когда грызутся два тигра, мудрая обезьяна сидит высоко на дереве» [Репортер, 04.03.2018]	坐山观虎斗 Сидеть на горе и смотреть, как дерутся тигры
鸟 птица	В нашем клубе мы учимся верить в лучшее, поддерживать добрые начинания друг друга, протягивать руку помощи ближним. Ведь китайская пословица гласит: если в твоей душе осталась хотя бы одна цветущая ветвь, на нее всегда сядет поющая птица — уверена лидер «миксеров» Екатерина Жданова. [Безформата, 22.02.2018]	家有梧桐树,自有凤凰来 В доме есть дерево утун, сам феникс придет
马 лошадь	По словам Ван Хунчжана, в Китае поверили, что европейские власти смогут побороть долговой кризис, а экономика региона все еще остается довольно сильной. «Даже худой верблюд все равно больше коня», — напомнил банкир китайскую поговорку. [Рамблер, 18.09.2012]	瘦死的骆驼比马大 Худой мертвый верблюд больше коня

Продолжение таблицы 4

Образ животного	Пример актуализации китайской пословицы в российском дискурсе	Пословица на китайском языке и ее дословный перевод на русский язык
鱼 рыба	Роман Авдеев: Кто не повторяет китайскую пословицу, что надо давать удочку, а не рыбу, а даем все равно рыбу … Безусловно, я буду помогать детям, но за них делать не собираюсь. [Российская газета, 21.02.2013]	授之以鱼不如授之以渔 *Не дать рыбу, а лучше научить, как ее ловить*
猫 кошка	Старинная китайская мудрость гласит, что бессмысленно искать черную кошку в темной комнате, в особенности, если ее там нет. Именно такими поисками порой выглядят попытки аналитиков предсказать очередную «волну кризиса». [Эксперт Online, 12.12.2005]	暗室捉黑猫, 难矣, 况猫不在彼室乎 *В темной комнате ловить черную кошку, трудно, впрочем, кошка не в той комнате*

Зачастую, в одной и той же китайской пословице одновременно используются два или больше образов животных, что формирует наглядное сопоставление внутри пословицы. Проиллюстрируем одновременную актуализацию двух и более животных в китайских пословицах, см. рис. 5:

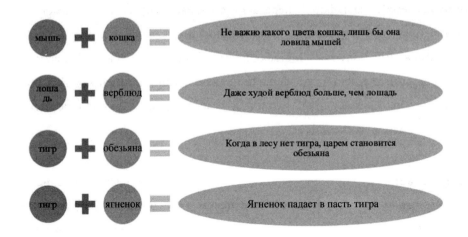

**Рисунок 5   Одновременная актуализация двух
и более образов животных в китайских пословицах**

Можно сделать вывод о том, что образы животных усиливают образность и выразительность пословицы как средства убеждения.

В российском масс-медийном дискурсе по степени распространенности после анималистической метафоры следует *онтологическая метафора*, занимающая второе место среди китайских пословиц по количеству употреблений. К этой группе можно отнести следующие пословицы: 酒香不怕巷子深 (*Доброе вино не нуждается в рекламе*), 小斧砍大树 (*Маленьким топором можно свалить большое дерево*), 黄金有价玉无价 (*Золото имеет цену, нефрит же бесценен*) и др.

Обратимся к конкретному примеру. Китайская пословица 好的轮子从不作响 (Доброе *колесо никогда не скрипит*) употребляется в следующем фрагменте «*Комсомольской правды*»: «*Искренне и сердечно поздравляем Вас по случаю знаменательного в Вашей жизни события — 60-летия со дня рождения. Китайская мудрость гласит: Доброе колесо никогда не скрипит. Это о людях, на которых всегда можно положиться. И конечно, это в полной мере относится и к Вам*» [Комсомольская правда, 19.08.2010].

В данном фрагменте речь идет об отношениях между людьми,

онтологическая метафора передает ассоциацию между предметом и референциальным объектом. Смысл пословицы складывается путем отсылки к жизненному опыту. Метафорическая проекция разворачивается в следующем направлении: от первичной актуализации кочевого быта к образу действия в целом, а затем к объяснению межличностных и общественных отношений.

Актуализация кочевого быта → **Образ действия в целом** → **Объяснение свойства человека (в российском медиадискурсе)**

Приведем в пример другую китайскую пословицу 木秀于林，风必摧之 (*Высокое дерево скорее будет сметено ветром*), использованную во фрагменте газеты «Известия»: «*Вице-председатель предпочитает быть в тени, в духе китайской мудрости: Высокое дерево скорее будет сметено ураганным ветром. Умея выслушивать чужое мнение, редко высказывает свое*» [Известия, 12.05. 2002].

В данном фрагменте статьи автор ссылается на китайскую пословицу, в которой посредством непрямой референции создается аналогия, служащая прагматическим целям. Данная пословица рассматривается как абсолютная истина и в древности, и в современном Китае. Метафорическая проекция разворачивается в следующем направлении: от первичной актуализации природного явления к образу действия в целом, а затем к объяснению поступков человека.

Актуализация природного явления → **Образ действия в целом** → **Объяснение поступков человека (в российском медиадискурсе)**

В онтологической метафоре существуют иные проекции, например, одна из них может разворачиваться в направлении от первичной актуализации крестьянского быта к образу действия в целом, а затем к восприятию межнационального сотрудничества.

Актуализация крестьянского быта	$\rightarrow$	Образ действия в целом	$\rightarrow$	Восприятие межнационального сотрудничества (в российском медиадискурсе)

Примером данной метафорической проекции является китайская пословица 小斧砍大树 (*Маленький топор свалит большое дерево*) во фрагменте «*Комсомольской правды*»: «*Маленьким топором можно свалить большое дерево,* — *гласит китайская мудрость. Следуя этой пословице, праправнуки Конфуция маленькими шажками покоряют большую Россию. На этой неделе под Москвой, в 15 минутах езды от МКАД, в районе "Шереметьево", открылся первый в России китайский таможенный терминал. Его назвали "Дружба"*» [Комсомольская правда, 03.08.2016].

Онтологическая метафора является неотъемлемой частью многих китайских пословиц, обнаруженных в российском масс-медийном дискурсе.

К группе пословиц с *антропоцентрической метафорой* относятся пословицы, в которых задействованы, например, образы частей тела. Рассмотрим китайскую пословицу 唇齿相依/互为唇齿 (*губы и зубы*). Данная пословица употребляется в значении «быть в полной зависимости одного от другого; органически дополнять друг друга».

Так, в тексте «*Независимой газеты*» актуализированы образы *губы* и *зубы*: «*Именно этой потребностью, очевидно, вызвано подписание в ходе недавней встречи Владимира Путина и Си Цзиньпина в Пекине очень важного документа — Совместного заявления об укреплении глобальной стратегической стабильности... И впредь мы станем прикрывать и оборонять друг друга, словами китайской пословицы, как губы и зубы»* [Независимая газета, 08.08. 2016].

Лексемы, обозначающие части тела, в данной пословице метафорически передают добрососедские отношения между Китаем и Россией.

Обнаружено, что в китайских пословицах первоначальное познание мира человеком строится на понимании собственного тела. Когнитивный закон человека таков: от ближнего к далекому, от самого себя к не-себе, от простого к сложному, от знакомого до незнакомого, от конкретного до абстрактного, от субъекта до не-сущности [张敏, 2003].

Таким образом, не возникает сомнений, что люди всегда используют свое тело в качестве ориентира, познавательный опыт человеческого тела используется для идентификации вещей, окружающих нас.

К группе пословиц с *антропоцентрической метафорой* относят и другие, например: 姜太公钓鱼, 愿者上钩 (*Цзян Тай-гун удит рыбу, а на удочку попадется тот, кто хочет*), 金屋藏娇 (*Беречь А-Джао в золотом дворце*), 虎父无犬子 (*У отца-героя сын будет добрым молодцем*), 王婆卖瓜, 自卖自夸 (*Продавец тыкв никогда не говорит, что тыква горькая*).

Отметим, что в антропоцентрической метафоре китайских пословиц образ или портрет человека занимает важное место. Самый наглядный пример — образы мужчины и женщины. Примеры таких пословиц приведены в таблице 5.

Таблица 5   Образы мужчины и женщины в китайских пословицах

Образ мужчины		Образ женщины	
Китайская пословица	Перевод на русский язык	Китайская пословица	Перевод на русский язык
王婆卖瓜,自卖自夸 Ван По продает тыкву, сам продает и сам хвалит	Продавец тыкв никогда не говорит, что тыква горькая〔Аргументы и факты, 18. 10. 2017〕	金屋藏娇 В золотом доме спрятать девушку	Беречь А-Джао в золотом дворце〔Вести, 23. 09. 2006〕
姜太公钓鱼,愿者上钩 Цзян тайгун удит рыбу, доброволец попадется на удочку	Цзян Тай-гун удит рыбу, а на удочку попадется тот, кто хочет〔Завтра, 18. 12. 2017〕	妇女撑起半边天 Женщины держат полнеба	Женщины держат половину неба〔Вести, 11. 12. 2011〕
虎父无犬子 Тигр-отец нет сына-щенок	У отца-героя сын будет добрым молодцем〔Независимая газета, 15. 04. 2015〕		

В первую очередь антропоцентрическая метафора используется для сравнения отношений между людьми, как, например, в китайской пословице 养兵千日,用兵一时 (*Тренировать войска тысячу дней, чтобы использовать их в одночасье*).

Во фрагменте текста российского медиадискурса, она звучит следующим образом: « *Кормят войска тысячу дней, а используют одну минуту.* — *Китайская поговорка* »〔Спорт-экспресс, 22. 08. 2003〕. В данном фрагменте статьи автор ссылается на китайскую пословицу, в которой метафора военного опыта используется для описания спортивных достижений.

Прагматическая цель автора — показать, что в мировом футболе Китай занимает пока весьма скромное место, но его достижения в других областях говорят о том, что и это дело поправимое.

Метафорическая проекция разворачивается в следующем направлении: от первичной актуализации образа военного дела к образу долгой тренировки, а затем к образу успехов в спорте.

Актуализация образа военного дела	→	Образ долгой тренировки	→	Образ успеха в спорте (в российском медиадискурсе)

В рамках *антропоцентрической метафоры* используется образ человека для объяснения объективного восприятия жизни. Например, интересен смысл китайской пословицы 众人拾柴火焰高 (*Чем больше людей будет подкладывать хворост в костер, тем ярче будет его пламя*) во фрагменте российского медиадискурса: «*Китайская пословица гласит: Дров больше — пламя выше. Бурное развитие наших двусторонних отношений и многовекторного сотрудничества не обойдется без активного участия политических деятелей, представителей деловых кругов и общественности двух стран*» [Безформата, 15.05.2015].

В данном фрагменте речь идет о совместном пути к процветанию России и Китая, которые являются добрыми друзьями и партнерами, отношения между ними переживают один из наилучших периодов в истории. Автор статьи ссылается на данную китайскую пословицу, сравнивая Китай и Россию с разными людьми, чтобы объяснить объективную истину — «единство есть сила».

Итак, метафорическая проекция данной пословицы разворачивается в следующем направлении: от первичной актуализации жизненного опыта к восприятию объективной истины, а затем к образу сотрудничества Китая и России.

Актуализация жизненного опыта	→	истина силы единства	→	Образ сотрудничества (в российском медиадискурсе)

Во многих пословицах метафоры связаны с человеческими качествами, такими как: упорство, жадность, доброта и т. д. Другие примеры китайских пословиц с антропоцентрической метафорой показаны в таблице 6.

Таблица 6   Качества человека в китайских пословицах, актуализированные
в текстах российского масс-медийном пространства

Китайская пословица	Пример из российского медиадискурса	Качество человека
不到长城非好汉 Не достигает Великой китайкой стены ненастоящий человек	«*Тот, кто не достиг великой китайской стены, не может считаться хорошим человеком*». Так гласит народная китайская пословица. Не ленитесь, поднимайтесь поступеням (на этом нелегком пути вам очень помогут лотки и лоточки со всяческой снедью, сувенирами и прочими полезными вещами, расположенные на каждом относительно просторном пролете) [Аригус, 11. 06. 2017]	упорство

Продолжение таблицы 6

Китайская пословица	Пример из российского медиадискурса	Качество человека
贪多嚼不烂 Жадничаешь много — не сможешь разжевать	Есть такая мудрая древняя китайская поговорка: «*Нельзя откусывать больше, чем сможешь проглотить*». Эстрогены в нашем организме должны уравновешиваться прогестероном, а он вырабатывается в жировой ткани в меньшей степени — от этого возникает гормональный дисбаланс. А это — фактор риска для возникновения бесплодия, а также гинекологических заболеваний, в том числе очень тяжелых [Аргументы и факты, 21. 07. 2014]	умеренность
言者不知，知者不言 Говорящий не знает, знающий не говорит	Перед разговором актер и художник честно предупредил меня: «Знаете, в Китае есть гениальная поговорка: *Говорящий не знает. Знающий не говорит*». Поэтому все, что я говорю и скажу, — это полная ерунда. Потому что все, что знаю, я никогда не скажу. Просто не смогу сказать [Аргументы и факты, 13. 03. 2007]	мудрость

Продолжение таблицы 6

Китайская пословица	Пример из российского медиадискурса	Качество человека
不经历风雨, 怎么见彩虹 Не испытав ветра и дождя, как же видеть радугу?	Но, несмотря на это, я дошла до финала, и я сказала китайскую пословицу, которая означает «*не встретив дождя и ветра, нельзя увидеть радугу*», вот так звучит эта пословица. И затем я также говорила, что стать чемпионом — это большая ответственность, Суолань — это мое китайское имя, обязательно смогу нести эту ответственность, и вы сможете мне верить. И я так очень бойко это сказала, зрителям понравилось [Безформата, 29.08.2013]	упорство
强将手下无弱兵 У сильного полководца под рукой нет слабых воинов	«*У сильного полководца нет слабых солдат*», — гласит китайская пословица. А компания Chery Automobile, о которой пойдет речь, как раз из самых сильных в Китае автомобильных «полководцев» [Комсомольская правда, 02.06.2017]	могущество
喝水不忘挖井人 Пьешь воду, не забывай того, кто вырыл колодец	В заключение своей речи Лю Лиминь процитировал китайскую пословицу: «*Когда пьешь воду из колодца, не забывай о том, кто его вырыл*». Сравнив российское образование с источником живительной влаги, он с уверенностью заявил, что ни один выпускник российского вуза никогда не забудет страну, которая дала ему столь много. Сам он окончил Государственный институт русского языка им. А. С. Пушкина [Учительская газета, 11.12.2012]	благодарность

Продолжение таблицы 6

Китайская пословица	Пример из российского медиадискурса	Качество человека
第一个吃螃蟹的人 是勇敢的 Первый, кто съест краба, — смельчак	Не знаю, потому что это совершенно новый для меня жанр. Я никогда не пробовал снимать фантастику…В Китае есть пословица «*Первый, кто съест краба, — герой*». По-моему, я могу считать себя героем. Я съел очень большого краба! [Известия, 26.06.2006]	храбрость

Универсальны в китайских пословицах и образы человека, а потому понятны читательской аудитории. Антропоцентрическая категория относится к базовым, общепринятым. Ее универсальность доказана, репрезентирована в любой языковой системе, является фактором, способствующим пониманию инокультурных пословиц в рамках российской культуры и российского коммуникативного пространства.

В антропоцентрической метафоре выделяется группа *гендерных метафор*. Так, весьма частотной в российском масс-медийном пространстве является 妇女撑起半边天 (*Женщины держат полнеба*): «*Китайская пословица Женщины держат полмира (так и называется доклад) слишком долго отражала скорее желаемое, чем действительное, — пишут экономисты GS. Они проанализировали влияние женской занятости на рост экономик стран группы БРИК (Бразилия, Россия, Индия, Китай) и N-11 (крупные развивающиеся экономики)*» [Ведомости, 07.03.2008].

В данном фрагменте речь идет о российской экономике. Российские женщины рассматриваются как двигатель экономики. Если большинство домохозяек выйдет на рынок труда, экономика в ближайшие 10 лет будет расти быстрее на 0,3% – 1,5% ежегодно. Метафорическая проекция формируется следующим образом: от физического освобождения женщины к повышению ее статуса, и от общественного статуса к женщине как движущей силе в экономике.

Актуализация физического освобождения	→	Повышение статуса	→	Двигатель экономики (в российском медиадискурсе)

Кроме того, гендерные метафоры также воплощаются в следующих китайских пословицах, примеры которых представлены в таблице 7.

Таблица 7   Примеры китайских пословиц с гендерной метафорой в
российском масс-медийном дискурсе

Китайские пословицы	Пример в российском масс-медийном пространстве
金屋藏娇 В золотом доме спрятать девушку	Этот дворец — воплощение в жизнь древней китайской легенды: один из императоров династии Хань пообещал девушке А-Джао построить для нее золотой дворец, если та станет его женой. Китайская поговорка «Беречь А-Джао в золотом дворце» значила «Хранить верность одной женщине». В современном китайском языке эта присказка изменила смысл на противоположный, ведь император своего слова так и не сдержал [Вести, .23.09.2006].
唯女子与小人难养也 Только женщин и низких людей трудно кормить	Об отношении Конфуция к женщинам красноречиво говорит следующий его афоризм: «Строить правильно отношения труднее всего с женщинами и низкими людьми. Если приблизишь их к себе — они станут развязными, если удалишь от себя — возненавидят» [Правда.ru, 28.05.2011].

Следующей по численности употребления является группа китайских пословиц, в которых актуализируются *пространственные метафоры*. Например, пословица 千里之行,始于足下 (*Путь в тысячу ли начинается с первого шага*) употребляется в следующем фрагменте: «*Древняя китайская поговорка гласит: Путь в тысячу ли начинается с одного шага. Первый шаг к полноценному сотрудничеству сделан, теперь главное — не остановиться на полпути»* [Комсомольская правда, 05.02.2015].

В данном фрагменте речь идет о вопросах сотрудничества. Метафорическая проекция формируется следующим способом: от физического образа пространства (шаг, путь) к восприятию абстрактного и ментального пространства. Физическое восприятие категорий большого и малого расстояния используется для обозначения развития партнерства от малого к большому.

Актуализация образов расстояния → **Жизненный опыт** → **Партнерство, сотрудничество (в российском медиадискурсе)**

Как и анималистические образы, образы расстояния и пространства универсальны, а потому понятны любой читательской аудитории. Пространственные категории также относятся к числу общечеловеческих понятий. Тем не менее, способ их реализации и репрезентации в языке и культуре может быть специфичен, и одним из таких способов является пословица или поговорка. Их яркость и образность, точность выражения являются фактором, способствующим интеграции паремии в российскую культуру и русский язык. Напомним, что поговорка «Путь в тысячу ли начинается с одного шага» является одной из самых распространенных в российском дискурсе вообще.

Помимо метафоры расстояния, в китайских пословицах обнаружена *ориентационная метафора*, которая занимает важное место в нашем исследовании. В ориентационной метафоре актуализируется направление, выраженное такими словами, как 上 (наверх), 下 (вниз), 左 (левый), 右 (направо), 前 (вперед), 后 (позади), 远 (далеко), 近 (близко). Данные ориентационные концепты являются неотъемлемой частью китайской культуры. Приведем конкретный пример: *«Участие главы государства практически во всех мероприятиях "двадцатки" показывает, насколько серьезное внимание уделяют китайцы событию. Особенно это заметно в самом Ханчжоу, который даже упоминается в китайской поговорке — на небесах есть рай, а на земле — Ханчжоу и Сучжоу. Подобное сравнение можно отнести на счет склонности китайцев к красивым фразам, но старания властей показать высоким гостям город в наилучшем виде заметны повсюду»* [Российская газета, 21.08.2016].

Вышесказанная китайская пословица 上有天堂,下有苏杭 (*Наверху есть рай, внизу есть Сучжоу и Ханчжоу*), свидетельствует о том, что в китайских пословицах актуализируется противопоставление направлений.

Как правило, ориентационные слова чаще всего появляются парой: 上下 (наверх и вниз), 远近 (далеко и близко). Слова 上 (наверх), 近 (близко) зачастую обозначают положительные признаки. Слова 下 (вниз), 远 (далеко) — отрицательные. Китайские пословицы, соотнесенные с ориентационной метафорой в российском масс-медийном пространстве, показаны в таблице 8.

Таблица 8　Примеры китайских пословиц с ориентационной метафорой в российском масс-медийном дискурсе

Китайская пословица	Пример в российском масс-медийном пространстве
远亲不如近邻	У китайского народа есть пословица: *«Близкий сосед лучше дальнего родственника»*. Было был хорошо, если бы наши
Дальний родственник не лучше близкого соседа	журналисты в своих репортажах о Китае почаще придерживались этой объективной информации [Известия, 19.12.2005].

Продолжение таблицы 8

Китайская пословица	Пример в российском масс-медийном пространстве
前事不忘,后事之师 Прошлое не забывать, на будущее учит	В Китае есть такая поговорка: *опыт прошлого — урок для будущего.* Память о Второй мировой войне требует не допустить новой войны. К сожалению, далеко не все страны осознают, какие беды принесли военные агрессоры другим странам. Постоянно происходят попытки фальсификации исторических фактов, пересмотра приговора истории [Завтра, 21.08.2014].
长江后浪推前浪 В реке Янцзы последующаяволна продвигает предыдущую волну.	Предстоящий Китаю бурный рывок вперед на финальном участке забега длиной в 210 лет, потребует полной самоотдачи, но и предоставит молодым людям небывалые возможности для самореализации. *«Одна волна Янцзы набегает на другую»*, — этой пословицей Си Цзиньпин украсил рассуждение о том, что долг юности состоит в том, чтобы догнать и перегнать старшее поколение [Завтра, 01.01.2015].
后来者居上 Задние идущие стали впереди	Однако то, какими шагами движется Китай в освоении космоса, позволяет ожидать грядущих успехов. Опоздавшие обгоняют впереди идущих — старинная китайская пословица, которой две тысячи лет. Сегодня «Чанъэ-3» опустился на Луну, а «Нефритовый заяц» уже катится по ее поверхности. В отличие от двенадцати советских и трех американских неудач Китай сделал это одним махом. «Это восхитительно!» — так прокомментировал успех китайской космонавтики Ли Ао, тайваньский писатель и общественный деятель [Газета.ru, 16.12.2013].

Таким образом, можно сделать вывод о том, что в российском масс-медийном пространстве китайские пословицы актуализируют различные метафоры. Именно метафоры создают широкий адаптационный потенциал китайской пословицы, ее способность гибко, лаконично и точно отражать многочисленные реалии российской действительности, давать им оценку и служить ценностным ориентиром. Основные виды пословичных метафор: анималистическая, антропоцентрическая, онтологическая, ориентационная, пространственная метафора.

2.3   Полифункционирование китайских пословиц в российском масс-медийном дискурсе

В наши дни с ростом современной науки Интернет стал самым важным каналом для передачи и получения информации. Сетевая пресса также является одной из важнейших. Профессиональные сотрудники СМИ, если они хотят быть востребованными, сегодня должны работать по-иному — с учетом специфики Интернета.

Необходимо признать, что электронные медиа и электронные газеты сыграли огромную роль в развитии общества: они дают круглосуточный доступ к актуальной информации, воздействуют на людей, создают определенную атмосферу, а также влияют на идеологию народа, страны. Текст СМИ играет важную роль в отражении и формировании национальной картины мира. Как утверждает Т. Г. Добросклонская, изучение роли СМИ в динамике языковых процессов на интерлингвистическом уровне предполагает анализ медиаобусловленных механизмов взаимодействия языков. Автор имеет в виду, прежде всего, способы заимствования лексических единиц, функционально-стилевую стратификацию заимствований, взаимовлияние коммуникативно-вещательных стилей [Добросклонская, 2008, с. 10].

Роль современных электронных газет заключается в расширении каналов передачи информации от внешнего мира. Общение становится проще, а масс-медиа является обширной площадкой для международного диалога и своеобразным способом обмена культурами.

О. В. Николаева и О. В. Гавриленко впервые рассмотрели проблему употребления китайских пословиц в российском дискурсе на материале газетных статей в рамках лингво-когнитивного и лингво-прагматического подходов [Николаева, Гавриленко, 2013, с. 1-11]. Исследование функционирования китайских пословиц говорит о важности и уникальном характере китайских пословиц в русском коммуникативном и культурном пространстве, они служат объективным свидетельством межкультурного, межъязыкового и когнитивного взаимодействия в поликультурном пространстве России [Николаева, 2014, с. 132-136]. Мы обращаемся к российскому масс-медийному дискурсу, поскольку он является регулярным источником массового распространения иноязычных и инокультурных пословиц и поговорок [Николаева, Чэнь Шумэй, Панина, 2017, с. 233-247].

В нашем исследовании источником материала послужили тексты российского масс-медийного дискурса. Анализ эмпирического материала показал, что китайские пословицы (а также китайские поговорки и китайские изречения) являются востребованным языковым средством в данном типе дискурса. Об этом свидетельствует выборка статей из электронных СМИ за период с января 2000 г. по февраль 2019 г. (всего 777 статей). Список электронных СМИ с наибольшим количеством китайских пословиц за данный период указан в таблице 9. В статьях используются такие вводные фразы, как: «китайская пословица / поговорка / мудрость», после которых следует процитированная китайская пословица.

Таблица 9 Ведущие газеты и новостные агентства по количеству употребления китайских пословиц (январь 2000 г. — февраль 2019 г.)

Электронная газета или информационное агентство (ИА)	Количество статей, содержащих китайские пословицы
Аргументы и факты	32
Безформата	62
Бизнес онлайн	12

Продолжение таблицы 9

Электронная газета или информационное агентство (ИА)	Количество статей, содержащих китайские пословицы
Ведомости	18
Взгляд	12
Газета. ru	20
Гудок	9
Комсомольская правда	39
Красная звезда	9
Независимая газета	33
Вести	22
Новая газета	12
Завтра	37
Известия	23
Коммерсантъ	24
Советская Россия	7
Учительская газета	31
Утро	11
Спорт-экспресс	22
Свободная газета	8
Российская газета	59
Репортер	2
РБК газета	8
Президент	8
Реальное время	8
Рамблер	105
ИТАР-ТАСС	18
ФедералПресс	11
Эксперт Online	12

Можно   заметить,   наибольшее   количество   китайских   пословиц зафиксировано в статьях новостных изданий «Рамблер» и «Безформата», в электронных версиях газет: «Российская газета», «Комсомольская правда», «Аргументы и факты», «Завтра», «Независимая газета».

Стоит отметить, что в англоязычном коммуникативном пространстве китайские пословицы употребляются чаще. Согласно результатам наблюдений Е. А. Яковлевой в период с 1983 г. по 2015 г., в английской газете “The New York Times” содержится 547 статей с китайскими пословицами, в “Los Angeles Times” — 382, в “The Wall Street Journal” — 356, в “The Washington Post” — 312 [Яковлева, 2016, с. 105].

В целом, по связи содержания с темой Китая публикации российских электронных СМИ, в которых присутствуют китайские пословицы, могут быть разведены на два главных типа:

● контексты с сугубо китайской тематикой, т. е. тематически соотнесенные с различными аспектами политики, экономики КНР и китайской культурой (4,5% от общего числа);

● контексты широкой тематики, т. е. посвященные событиям и явлениям как в России, так и в других странах мира (95,5% от общего числа), они также могут быть связаны с сотрудничеством России и других стран мира с КНР в разных отраслях.

Распределение текстов первой группы (всего 36) по проанализированным электронным СМИ указано в таблице 10.

Таблица 10 **Распределение текстов с китайскими пословицами, посвященных исключительно Китаю, в российском масс-медийном пространстве**

Название электронных газет или информационных агентств	Количество статей, тематически соотнесенных с различными аспектами экономической, социальной и культурной жизни Китая
Lenta. ru	2
Аригус	1
Аргументы и факты	5

Продолжение таблицы 10

Название электронных газет или информационных агентств	Количество статей, тематически соотнесенных с различными аспектами экономической, социальной и культурной жизни Китая
Безформата	3
Рамблер	3
Завтра	7
Известия	1
Коммерсантъ	2
Российская газета	3
Новые ведомости	1
Деловая пресса	1
Свободная пресса	1
Утро	1
Труд	1
Вести	1
Ведомости	1
Газета. ru	2
Всего	36

Также нами был проведен тематический анализ текстов данной группы. Были выделены следующие темы: китайская культура; отношение к здоровью в Китае; китайское общество; образование, бизнес / экономика, экология, наука и спорт в КНР. Среди них по количеству лидируют статьи о культуре Китая, тогда как минимальное число статей посвящено китайскому спорту и науке.

Актуализация китайских пословиц о Китае в российском масс-медийном пространстве определяется большим интересом к китайской культуре. Данные тексты описывают традиции, нормы, ценности, установки китайской культуры и китайского мировоззрения.

Приведем в качестве примера следующий фрагмент из *Российской газеты*: «*Чаепитие в Китае — это целое искусство. Китайцы давно осознали ключевую роль чая в повседневной жизни, в Поднебесной широко распространена поговорка: В быту не обойтись без дров, риса, масла, соли, соевого соуса, уксуса и чая*» [Российская газета, 20.09.2016].

В китайской пословице 日常出门七件事,柴米油盐酱醋茶 (*В быту не обойтись без дров, риса, масла, соли, соевого соуса, уксуса и чая*) представлены жизнь и быт китайцев, а также чайная культура. Тем не менее, сегодня среди молодых китаянок появилась тенденция употреблять разнообразный цветочный чай. Действительно, он отличается не только изысканным ароматом, но и обладает косметическим эффектом. Таким образом, с развитием общества развивается и китайская чайная культура.

В другом фрагменте из *Деловой прессы* употребляется китайская пословица 暗室捉黑猫 (*Поймать черную кошку в темной комнате*): «*Если в дореформенном Китае следы теневой экономики обнаружить было так же трудно, как черного кота в темной комнате, то сейчас их может не заметить лишь слепой*» [Деловая пресса, 03.04.2000].

Из полного текста статьи следует, что самая мощная с начала китайских реформ закачка капиталов в теневой сектор КНР произошла в результате знаменитой поездки Дэн Сяопина в Гуандун в 1991 году, когда произошел капиталистический «большой скачок» в экономике, повысилась предпринимательская активность, ранее сдерживаемая жесткой бюджетной политикой. В целом можно сказать, что через публикации в русскоязычных масс-медиа россияне получают сведения о мировоззрении китайцев, их культуре и образе жизни.

Помимо сугубо «китайских» текстов, китайские пословицы также присутствуют в текстах широкой тематики (всего 741 статья), в которых может не только описываться сотрудничество России с КНР, но и события и явления как в России, так и в других странах мира, определенным образом связанные с Китаем. Среди рассмотренных нами подобных текстов российских масс-медиа, где функционируют китайские пословицы, было выделено 7 тематических групп:

- тексты о политике;

- тексты на тему жизни общества;

- тексты об экономике;

- тексты о культуре;

- тексты о здоровье;

- тексты на тему образования;

- тексты на тему о спорте.

Среди них максимальное количество китайских пословиц найдено в текстах о *политике*: всего 213 статей, составляет 28,7%.

Китайские пословицы используются в подобных текстах для описания политических отношений между КНР и Россией, политических отношений России с другими странами мира и описания политической жизни других стран с точки зрения третьей стороны.

Заметим, что материалы политической тематики, в которых присутствуют китайские пословицы, найдены на сайтах 38 российских газет и информационных порталов, среди них выделяется «Рамблер» (66 статей). Следом за ним идет «Независимая газета» (17 статей). Третье место занимает «Российская газета» (12 статей), четвертое — «ИТАР-ТАСС» (10 статей) и «Безформата» (10 статей), т. е. большая часть китайских пословиц (115 статей) представлена в 5 интернет-СМИ (см. рис. 6).

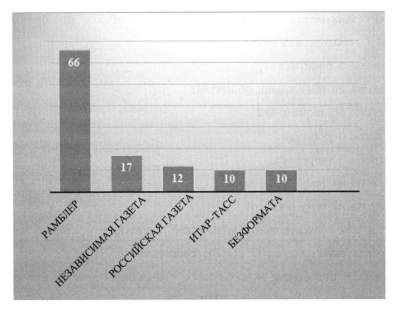

Рисунок 6   Ведущие газеты и новостные агентства по количеству употребления китайских пословиц с тематикой политики

Отметим, что в первую очередь, китайские пословицы легко интегрируются в статьи, которые описывают сотрудничество Китая с другими странами мира. Найденные нами 213 статей о политике подтверждают, что данная тема является активной сферой актуализации китайских пословиц в российском масс-медийном пространстве.

Рассмотрим примеры более подробно. Китайская пословица 远亲不如近邻 (*Близкий сосед лучше дальнего родственника*) в трансформированной форме «Близкий сосед зачастую лучше плохого родственника»[Известия, 07. 03. 2024] охарактеризовал отношения между государствами как взаимовыгодное сотрудничество и стратегическое партнерство.

Китайская пословица 前人栽树, 后人乘凉 (*Пусть потомки наслаждаются прохладой в тени деревьев, посаженных их предками*) [Сайт Президента России, 03. 12. 2002] отражает то, что совместные творческие и деловые успехи являются примером результативного сотрудничества и партнерства, а накопленный капитал добрых политических отношений —

серьезная опора в данном процессе. Конечно, большинство нерешенных задач стоит перед следующими поколениями России и Китая.

Китайская пословица 杀一儆百 (*Убить одного и запугать сотни*) встречается во фрагменте текста из газеты « *Завтра* »: « *Второй признак терроризма заключается в его косвенном дестабилизирующем воздействии … Китайская поговорка* Убить одного и запугать сотни *очень точно характеризует это воздействие. Отсюда определяющая роль средств массовой информации, которые существенно усиливают косвенное воздействие террористических акций* » [Завтра, 26. 08. 2003].

В данном фрагменте речь идет о "культурном" терроризме, где террор уже не является только формой государственной политики, а весть о нем распространяется благодаря СМИ.

Заметим, что выбранные китайские пословицы в процессе описания государственной политики связаны с концептом « *число* », например, 一 (один) и 百 (сто). Выявлено, что многие числовые компоненты, используемые в пословицах и поговорках, отражают несколько значений, позволяющих понять картину мира народа.

Стоит подчеркнуть уникальность китайской концептуальной системы. В даосизме, 一 (один) является источником всего, это отражено в пословице 一生二, 二生三, 三生万物 (*Одно рождает два, два рождает три, три рождает все множество вещей*). Из этого высказывания понятно, что у китайцев особая любовь к числу «один».

После политики, второе место по употреблению китайских пословиц занимает *тема общества*. В ходе исследования было найдена 181 такая статья, что соответствует 24 ,4% .

Это объясняется тем, что общество представляет собой не обособленную от природы, но тесно связанную с ней часть материального мира, которая состоит из индивидуумов, обладающих волей и сознанием, и включает в себя способы взаимодействия людей и формы их объединения. Никто не может жить без общества, общество вне всяких сомнений предоставляет нам возможность реализовать себя. В данной сфере взаимодействия между людьми составляют неотъемлемую ее часть.

Обнаружено, что китайские пословицы, посвященные теме общества, относительно равномерно представлены в 43 газетах. Чаще всего употребление китайских пословиц встречается в таких газетах, как «Аргументы и факты», «Жизнь», «Правда», «Вестник», «Культура».

Китайские пословицы в основном используются в контекстах, представленных ниже на диаграмме (рис. 7), где ордината — количество статей с заимствованными китайскими пословицами.

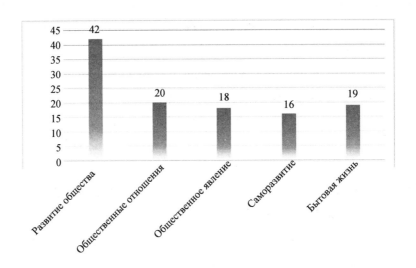

Рисунок 7 Основные аспекты употребления китайских пословиц с тематикой общества в российском масс-медийном дискурсе

Отметим, что китайские пословицы часто употребляются в статьях на тему общества, включая бытовую жизнь людей, историческое развитие страны и т. д. Обратимся к конкретному примеру из текстов российского масс-медийного дискурса. Китайская пословица 物以类聚 (*Вещи собираются вместе с себе подобными*) процитирована во фрагменте газеты «Аргументы и факты»: «Есть гениальная китайская поговорка: *Подобное притягивается подобным*. *Начинаешь собирать марки — к тебе стекаются марки. Начинаешь по-настоящему копить деньги — появляются излишки денег. Начинаешь заниматься нефтью — либо тебя сажают, либо убивают, либо… ты покупаешь "Челси"! Но все равно — подобное притягивается подобным»* [Аргументы и факты, 07.07.2005].

В данном фрагменте речь идет об общественной жизни, с помощью китайской пословицы объясняется, как Лев Прыгунов стал одним из самых популярных актеров советского кино, в наше время с успехом снимающийся не только в российских, но и в западных фильмах.

Иные китайские пословицы, например, 旧的不去新的不来 (*Чтобы в жизнь вошло что-то новое, надо избавиться от старого*) [Аргументы и факты, 04.12.2006], 眼睛是懒汉，手是好汉 (*Глаза боятся, а руки делают*) [Красная звезда, 14.10.2011] тоже функционируют в российском масс-медийном пространстве для объяснения других аспектов жизни общества, они показаны в таблице 11.

Таблица 11 Жизнь общества в китайских пословицах,
в текстах российского масс-медийного дискурса

Китайская пословица	Дословный их перевод	Пример в российском медиадискурсе	Аспект описания жизни общества в медиадискурсе
旧的不去 新的不来	Старое не уйдет, новое не придет	Возможно, придет идея, как эти вещи использовать, но лучше вспомните восточную мудрость: *«Чтобы в жизнь вошло что-то новое, надо избавиться от старого»* [Аргументы и факты, 04.12.2006].	отношение между людьми

Продолжение таблицы 11

Китайская пословица	Дословный их перевод	Пример в российском медиадискурсе	Аспект описания жизни общества в медиадискурсе
眼睛是懒汉，手是好汉	Глаза — лентяи, а руки — молодцы	На первый взгляд задача почти невыполнимая. Но тут, как в поговорке: *глаза боятся, а руки делают*. После одиночной подготовки упор сделали на слаживание всех пяти членов экипажа [Красная звезда, 14. 10. 2011].	общественная жизнь

Не только политика и общество, но и *экономика* привлекает к себе внимание читателей, поэтому зачастую в текстах этой тематики используются китайские пословицы. В проанализированных нами материалах российского масс-медийного дискурса количество статей об экономике с цитатами китайских пословиц достигает 122 (третье место среди тем). Это составляет 16, 5%. Такие публикации представлены на сайтах 29 газет и информационных агентств, в том числе «Российской газеты» (18 статей), «Ведомостей» (12 статей), «Рамблера» (11 статей), «Комсомольской правды» (6 статей).

Поскольку экономика представляет собой совокупность общественных отношений, связанных с производством и всей хозяйственной деятельностью людей, то можно утверждать, что экономика — это любая деятельность людей, связанная с обеспечением материальных условий жизни. Экономическая база определяет надстройку, без экономики не развивается общество, поэтому важность экономики трудно переоценить.

В содержании отобранных нами публицистических текстов российских СМИ на тему экономики, где употреблены китайские пословицы, можно выделить следующие подтемы: экономика России; экономика других стран мира; а также экономические отношения между Россией и другими странами мира, например экономическое сотрудничество между Россией и Китаем.

В публицистических текстах экономической тематики широко представлен концепт «цена», в том числе его репрезентантами становятся китайские пословицы. Когнитивная модель пословицы — часть объемной когнитивной структуры пословичного фонда, входящей в пословичную картину мира и позволяющей судить о пословичном, и шире — о языковом менталитете народа.

В качестве примера приведем китайскую пословицу 一分价钱一分货 (*досл.: Одна фэнь — одна единица товара*) во фрагменте публикации газеты «Известия»: «*Высокое качество видят посетители универмагов США и Европы, а россияне довольствуются одеждой, обувью, игрушками и электротехникой, провозимыми челноками. Их качество только подтверждает китайскую пословицу: *какова вещь, такова и цена*» [Известия.ru, 21.08.2002].

В данном фрагменте речь идет о том, что Касьянов призвал китайцев поставлять в Россию более качественные товары и искать «совместные площадки» для сотрудничества. Указанная пословица отражает когнитивный признак, присущий концепту «цена». В Китае 元 (юань), 角 (цзяо), 分 (фэнь) не только являются официальными денежными единицами, но и выступают как культурно-значимые элементы. При включении в текст пословица 一分价钱一分货 (*досл.: Одна фэнь — одна единица товара*) была перефразирована: она утратила название китайской денежной единицы (фэнь), так как в русской денежной системе концепт «цена» выражается иными единицами — «рубль», «копейка».

Другим примером использования китайской пословицы в текстах экономической направленности является 路遥知马力，日久见人心 (*Силу лошадей узнают в далеком походе, а друзей — спустя время*) в следующем фрагменте текста российского медиадискурса: «*Развивающаяся политическая и экономическая многополярность мира вынуждает страны тщательнее выбирать себе друзей по интересам. В этом смысле китайская поговорка — выносливость коня проверяется длинной дорогой — прекрасно иллюстрирует почти 20-летнюю историю подписания с Россией масштабных газовых контрактов и еще целого ряда соглашений в разных областях, к которым две страны пришли лишь сейчас»* [Lenta. ru, 03. 06. 2014].

Данный фрагмент прекрасно иллюстрирует почти двадцатилетнюю историю разработки российско-китайских масштабных газовых контрактов и еще целого ряда соглашений в разных областях, к которым Китай и Россия пришли лишь сейчас.

Необходимо подчеркнуть, что в данном фрагменте статьи китайская пословица успешно преобразована, а описание дружбы превращается в описание экономического сотрудничества:

Китайская пословица 路遥知马力, 日久见人心

Силу лошадей узнают в далеком походе, а друзей — спустя время	Развивающаяся политическая и экономическая многополярность мира вынуждает страны тщательнее выбирать себе друзей по интересам. В этом смысле китайская поговорка — «*выносливость коня проверяется длинной дорогой*» [Lenta. ru, 03. 06. 2014].
дружба →	экономическое сотрудничество

Изменение в концептуальной области показывает, что использование китайских пословиц достаточно гибкое, они также обладают сильной адаптивностью к русскому коммуникативному пространству.

В нашем исследовании количество статей о *культуре* всего 55, что составляет только 7, 4%. Это объясняется тем, что, с одной стороны, существует весьма значительное различие между китайской и российской культурами, а с другой стороны, китайские пословицы не могут подробно описывать чужую культуру. Рассмотрим распределение статей с употреблением китайских пословиц в таблице 12.

Таблица 12   Распределение китайских пословиц с тематикой
культуры в текстах российского масс-медийного дискурса

Название электронных газет или информационных агентств	Количество статей, содержащих китайские пословицы, связанные с культурой
Lenta. ru	1
Аргументы и факты	2
Безформата	4
Рамблер	2
РБК газета	1
Новые ведомости	2
Новая Сибирь	1
Свободная пресса	2
Утро	1
Литературная газета	1
Секретарское дело	1
Новая газета	2
Золотой рог Дальний восток	1
Эксперт Online	1
Красная звезда	1
Завтра	9
Известия	2
Коммерсантъ	2
Российская газета	9
Новые известия	1
Вести	1
Ведомости	1
Газета. ru	2

Продолжение таблицы 12

Название электронных газет или информационных агентств	Количество статей, содержащих китайские пословицы, связанные с культурой
Гудок	1
Советская россия	2
Культура	2
всего	55

Культура — это совокупность созданных человечеством материальных, духовных и социальных ценностей, функционирующих в качестве искусственных средств человеческой жизнедеятельности. Обращение к религии, морали, идеологии, искусству, традиции, обычаям и т. п. в статьях масс-медийного пространства встречаются довольно часто.

В ходе нашего практического анализа китайская пословица 跬步千里 (*Шаг за шагом можно достигнуть цели*) употребляется в следующем фрагменте публицистического текста: «*Прямо по любимой китайской пословице господина Тихомирова Ибу ибуди — хуй дао муди (Шаг за шагом можно достигнуть цели), китайские власти заметили старания музейщика, из года в год бесплатно организующего всем желающим встречу с прекрасным из России*» [Коммерсантъ, 22.10.2007].

В данном фрагменте речь идет о том, что развитие музейной культуры является направлением совместных усилий Китая и России. Китайская пословица 跬步千里 (*Шаг за шагом можно достигнуть цели*) объясняет, что для развития культуры необходимо длительное время и накопление опыта, это также говорит о трудностях развития музейной культуры.

Другая китайская пословица 天上掉馅饼 (*С неба упал пирог*) встречается во фрагменте текста из информационного агентства «*Рамблер*»: «*В Китае есть одна поговорка: пироги с неба, так говорят о несказанной удаче, и действительно, на Нику эта удача свалилась буквально с неба…*» [Рамблер, 10.06.2018].

Данная китайская пословица употребляется в дискурсе, когда речь идет о любви русской девушки к кунг-фу и китайской культуре. В данном российском масс-медийном дискурсе описывается история любви русской девушки к Китаю. Во время своей стажировки она ходила в кружок боевых искусств при университете, именно на занятиях в этом кружке она по-настоящему влюбилась в кунг-фу и стала заниматься им серьезно. По возвращении в Москву девушка не изменила своей любви к кунг-фу и отправилась в Китай навестить своего учителя.

Пословица 天上掉馅饼 (*С неба упал пирог*) в данном дискурсе подразумевает, что когда она летела в Китай, в самолете рядом с ней сидел генеральный директор компании *Rubber Valley*, в пути они очень приятно пообщалась, по мнению генерального директора, ее богатый опыт, знание китайского, английского и русского языков и любовь к китайской культуре — это как раз то, что компании необходимо. Таким образом, она случайно приобрела хороший шанс.

Образование — еще один ключевой элемент системы человеческого общества, образование отличает человека от животных, это процесс и результат приобщения человека к знаниям о мире, ценностям, опыту, накопленному предшествующими поколениями. В российском масс-медийном дискурсе нами было отмечено 46 текстов, связанных с образованием / обучением, в которых присутствуют китайские пословицы. Их распределение в СМИ показано в таблице 13.

Таблица 13   Распределение китайских пословиц с тематикой образования в российском масс-медийном дискурсе

Название электронных газет или информационных агентств	Количество статей, содержащих китайские пословицы на тему образования / обучения
Безформата. ru	5
Вектор образования	2
Парламентская газета	1

Продолжение таблицы 13

Название электронных газет или информационных агентств	Количество статей, содержащих китайские пословицы на тему образования / обучения
Навигатор	1
Комсомольская правда	2
Коммерсантъ	2
Российская газета	1
Президент	1
Учительская газета	29
Ведомости	2
Всего	46

Таблица показывает, что «*Учительская газета*» — это издание, в котором присутствует больше всего статей с китайскими пословицами на указанную тему — 29, или 63%. Среди употребляемых китайских пословиц самыми популярными являются 授之以鱼不如授之以渔 (*Не дай рыбу, а научи ловить рыбу / ловле*) и 纸上得来终觉浅,绝知此事要躬行 (*Получать из книг недостаточно знаний, в конце концов понять, что дело нужно делать самому*).

Среди 46 статей китайская пословица об образовании / обучении 授之以鱼不如授之以渔 (*Не дай рыбу, а научи ловить рыбу/ ловле*) цитируется 6 раз, а 纸上得来终觉浅,绝知此事要躬行 (*Получать из книг недостаточно знаний, в конце концов понять, что дело нужно делать самому*) цитируется 7 раз.

Существуют и другие китайские пословицы, используемые в российском масс-медийном пространстве, например, 人无笑脸休开店 (*Человек без улыбки не должен открывать магазин*) процитирована во фрагменте из «*Учительской газеты*»: «*Китайская пословица гласит: Человек без улыбки не должен открывать магазин. О каких чертах характера идет речь? Какие выводы можно сделать на основе этой пословицы относительно нашей темы*

занятия (конфликта между детьми и родителями)?» [Учительская газета,
22.02.2005].

В данном фрагменте речь идет о домашнем задании для школьников.
Предполагается, что хорошие отношения между учителем и учеником станут
ключом к решению проблем в образовании. Данная китайская пословица
помогает объяснить проблему в области образования. Это свидетельствует о
том, что китайская пословица обладает способностью адаптации к
инокультуре в зависимости от контекстов употребления.

Китайская пословица	Пример в российском дискурсе
人无笑脸休开店 (*Человек без улыбки не должен открывать магазин*)	Китайская пословица гласит: «*Человек без улыбки не должен открывать магазин*». О каких чертах характера идет речь? Какие выводы можно сделать на основе этой пословицы относительно нашей темы занятия (конфликта между детьми и родителями)? [Учительская газета, 22.02.2005]
экономика →	образование

В текстах на тему образования также встречается китайская пословица —
燕不成春 (*Одна ласточка не сделает весны*) в следующем фрагменте
российского дискурса: «*... Мне повезло: я работаю в команде, без нее мне бы
не удалось ничего добиться. Есть мудрая китайская пословица, которую часто
цитирует наша глава района: одна ласточка весны не делает*» [Вектор
образования, 01.02.2013]. Начальник управления образования Коркинского
района метафорично объясняет, что командное сотрудничество приводит к
расцветанию системы образования.

Здоровье — одна из основных витальных ценностей. Проблемы
сохранения здоровья и лечения болезней активно обсуждаются в прессе и на
телевидении. Рассмотрим распределение текстов, в которых употребляются
китайские пословицы о здоровье, в российском масс-медийном пространстве
(см. таблицу 14).

Таблица 14 Распределение китайских пословиц с тематикой здоровья в российском масс-медийном дискурсе

Название электронных газет или информационных агентств	Количество статей, содержащих китайские пословицы о здоровье
Аргументы и факты	13
Безформата. ru	7
Волжская правда	1
МК. ru	1
Рамблер	2
Комсомольская правда	3
Российская газета	2
Свободная пресса	1
Утро	1
Наше время	1
Вестник	1
Независимая газета	1
Учительская газета	1
Бизнес онлайн	1
Газета. ru	1
Всего	37

По данным российских исследователей, общее количество паремий о здоровье и болезнях, включенных в соответствующие тематические группы, как пишет Е. В. Ничипорчик, «в словаре В. Боджоне и Л. Массорбио составляет 835, в словаре В. И. Даля — 228, В. И. Зимина и А. С. Спирина — 267» [Ничипорчик, 2012]. С развитием межкультурной коммуникации китайские пословицы о здоровье проникают в российский медиадискурс.

Китай славится во всем мире своей традиционной медициной. Китайцы считают, что холод является источником всех болезней и что предупреждение болезней важнее их лечения. Это мнение влияет на русскую культуру: теперь русские предпочитают заботиться о здоровье и учатся заниматься физическими упражнениями по-китайски.

Приведем пример из следующего фрагмента российского медиатекста: «*Помните народную китайскую поговорку:* <u>*Побольше растянешься, подольше проживешь*</u>» [Аргументы и факты, 20. 04. 2002]. Китайская пословица 筋长一寸, 寿延十年 (*Связка протянет на один цунь, жизнь продлит на десять лет*) объясняет, как экономить внутреннюю энергию организма, укреплять энергетические каналы.

В области здоровья учение об *инь* и *ян* составляет одну из теоретических основ китайской культуры. Все явления окружающего мира, включая человека и природу, интерпретируются китайской культурой как взаимодействие между двумя началами *инь* и *ян*, представляющими собой различные аспекты единой действительности. В здоровом человеке силы *инь* и *ян* находятся в сбалансированном состоянии. Это утверждение в российском масс-медийном дискурсе подается через употребление такой китайской пословицы: 百病从寒起 — «*Одна простуда может привести к ста заболеваниям*» [Комсомольская правда, 23. 12. 2009], иными словами, если у человека в организме дисбаланс между *инь* и *ян*, то внутреннее состояние человека будет изменяться, и он легко заболеет.

В российском масс-медийном дискурсе употребление китайских пословиц про здоровье проявляется в следующих аспектах: набор здоровых продуктов питания; польза чая; польза чистой посуды; здоровый образ жизни; сочетание продуктов для здорового питания; духовное здоровье (см. таблицу 15).

Таблица 15   Аспекты здоровья, описанные китайскими
пословицами в текстах российского масс-медийного дискурса

Аспект здоровья	Китайская пословица и ее дословный перевод	Русский перевод, представленный в текстах российского медиадискурса
Набор здоровых продуктов питания	冬吃萝卜夏吃姜,不用医生开药方 Зимой ешь редис, а летом ешь имбирь, не нужно врачу писать рецепт	Если зимой есть имбирь, а летом — редис, весь год сохранишь здоровье [Безформата, 07.07.2012]
Польза чая	水满茶浅 Вода полная, чай мелкий	Если хочешь напиться, пей воду, чай — это благородный напиток [Коммерсантъ, 18.02.2001]
Источник болезни	病从口入 Болезни входят через рот	Ищи свои болезни на дне своей тарелки [Безформата, 05.12.2015]
Здоровый образ жизни	一夜不眠,十夜不醒 Одну ночь страдать от бессонницы — десять ночей не очнуться	Десять правильно проведенных ночей не искупают одной бессонной ночи [Аргументы и факты, 26.08.2005]
Сочетание продуктов для здорового питания	宁可三月无荤,不可一日无菜 Лучше три месяца без мяса, чем день без овощей	Лучше жизнь без мяса, чем отсутствие в саду бамбука [Рамблер, 24.11.2018]
Духовное здоровье	贪多嚼不烂 Жадничаешь много — не сможешь разжевать	Нельзя откусывать больше, чем сможешь проглотить [Аргументы и факты, 17.11.2011]

Таким образом, китайские пословицы объясняют, как добиться не только физического, но и духовного здоровья.

Публикаций на тему *спорта*, содержащих китайские пословицы, всего в российских электронных СМИ нами было выявлено 33. Их количество в каждом СМИ отражено в таблице 16.

Таблица 16 Распределение китайских пословиц с тематикой спорта в российском масс-медийном дискурсе

Название электронных газет или информационных агентств	Количество статей, содержащих китайские пословицы о спорте
Безформата. ru	4
Реальное время	2
Рамблер	1
Коммерсантъ	1
Российская газета	1
Культура	1
Литературная газета	1
Спорт	22
Всего	33

Употребление китайских пословиц в текстах о *спорте* наглядно представлено в газете *«Спорт-экспресс»*, и связано с различными его видами: хоккеем, футболом и т. д. Контексты с китайскими пословицами 智者不出门 而晓天下事 (*Мудрый человек познает мир, не выходя со двора*) [Спорт-экспресс, 02. 06. 2017] и 骑虎难下 (*Кто оседлал тигра, слезть уже не сможет*) [Спорт-экспресс, 14. 05. 2015] хорошо объясняют спортивные события.

В некоторой степени спорт рассматривается как «война», в которой существует либо поражение, либо победа. Китайская пословица 养兵千日, 用兵一时 (*Тысячу дней держат войско, чтобы использовать его в одном сражении*) употребляется в следующем фрагменте текста российского медиадискурса: «*Кормят войска тысячу дней, а используют одну минуту… Здесь 20 с лишним (!) футбольных полей, из которых 12 — травяные и одно с искусственным покрытием (правда, одного из первых поколений). Рядом — общежития для учащихся и дома для гостей и взрослых игроков, время от времени проводящих сборы в Вэйфане*» [Спорт-экспресс, 22. 08. 2003].

В материале объясняется, что китайцы предпочитают принимать меры заранее: питание и оружие должно быть подготовлено перед войной. Данная пословица показывает нам, что необходимо вкладывать средства в подготовку спортсменов.

Кроме упомянутых областей, употребление китайских пословиц также имеет место в текстах, посвященных *науке, военной деятельности, экологии*.

Использование китайских пословиц в российском масс-медийном дискурсе дает нам возможность понять суть китайской культуры: они являются репрезентантами основных ментальных характеристик, представляющих национальное мировоззрение, ценности и установки народа. Е. Е. Жигарина указывает, что паремии служат для передачи концептов, моральных стандартов, общности знания и опыта целой языковой группы в зависимости от истории и жизненного уклада данного общества [Жигарина, 2006].

Говоря о функционировании китайских пословиц, следует учитывать их аксиологический потенциал, т. е. представление коллектива о том, что для него значимо [Николаева, 2011, с. 45]. При этом значение самой пословицы, несмотря на наличие аксиологического компонента, остается прозрачным и понятным для носителей инокультуры по причине того, что выражение представляет собой максиму, т. е. «содержит общее утверждение» [Барли, 1984, с. 129], именно поэтому при употреблении в речи не возникает необходимости в ее толковании.

В следующем примере автор ссылается на китайскую пословицу 天时, 地利, 人和 (*Обладать благоприятными климатическими, географическими условиями и необходимыми людскими ресурсами*) во фрагменте статьи: *«Отношение к тому, что Олимпийские игры-2014 пройдут в России, можно проиллюстрировать одной древней китайской мудростью: Тяньши, дили, жэньхэ (Время небес, выгоды земли и согласие людей). Говоря о "времени небес", мы имеем в виду, что именно сейчас наилучшее время в году для занятия зимними видами спорта. "Выгода земли" состоит в том, что благоприятные географические особенности России очень подходят для развития именно зимних видов спорта, особенно это касается города Сочи с его идеальным климатом»* [Российская газета, 28. 01. 2014].

Данная пословица дает представление о древнем китайском взгляде на успех, о системе ценностей в китайской культуре. Действительно, основу учения составляет «和», которое рассматривается как очень важное понятие в китайской философии, на современный язык его можно перевести как «гармонию». Именно благодаря гармонии *инь* и *ян* все развивается. Гармония включает в себя различия между разными вещами, единство противоречий и разнообразия, а также способность развиваться. Гармония является вкладом Китая в мировую культуру, с которым мир в целом согласен. В данном понятии выражается стремление китайцев к стабильной, мирной и счастливой жизни, понятие «和» является основой сотрудничества между странами.

Рассмотрим китайскую пословицу 和而不同 (*Единство — в разнообразии*) в следующем фрагменте медиадискурса: *« В современном многополярном мире возникла необходимость появления, а возможно, и закрепления в Конституции государственной идеологии… Здесь тоже нелишне было бы вспомнить древнекитайскую мудрость,* <u>*Единство — в многообразии.*</u> *От этой идеи не отказываются и ныне в Китае»* [Независимая газета, 30. 06. 2017].

Понятие «和» означает отсутствие компромисса, доказательством этого является другая китайская пословица 道不同不相为谋 (*досл. : Если расходятся дороги, значит, нельзя вместе планировать идти*) с образным значением : людям с разными интересами и стремлениями невозможно сотрудничать друг с другом. Данная пословица употребляется в тексте российского медиадискурса: *« И Россия, и Китай идут по пути модернизации, что помогает быстро осваивать совместные проекты в экономике, энергетике, технологическом сотрудничестве. Как говорил Конфуций,* <u>*когда пути неодинаковы, не составляют вместе планов,*</u> *— сказал* *президент, заметив, что к России и Китаю это изречение не относится»* [Известия, 27. 09. 2010]. Конечно же, планы Китая и России весьма обширны, в сотрудничестве наблюдается *гармония*.

Кроме того, благодаря интеграции китайских пословиц в русские тексты, некоторые медицинские понятия также входят в русскую культуру, например, понятия «寒» (*холод*), «阴阳» (*инь-ян*), «五行» (*у син* — пять элементов или пять стихий: металл, дерево, вода, огонь, земля), «气» (*Ци*), «形» (*син* — образ), «神» (*шэнь* — душа).

Необходимо отметить, что одна и та же китайская пословица может быть употреблена в текстах на различные темы. Примеры данного явления представлены в таблице 17.

Таблица 17 Употребление одной и той же китайской пословицы в медиатекстах различного содержания

Китайская пословица	Пример в российском масс-медийном дискурсе	Область употребления
千里之行, 始于足下 (Путь в тысячу ли начинается с первого шага)	Китайская поговорка о том, что даже *путь в тысячу ли начинается с одного шага*, всегда очень к месту, когда речь идет о возвращениях выдающихся атлетов в спорт [Спорт-экспресс, 07. 11. 2015].	спорт
	«*Путь в десять тысяч ли начинается с первого шага*», — любил повторять древнюю китайскую пословицу архитектор китайских реформ Дэн Сяопин... [Известия, 15. 01. 2003].	Экономика
	Как говорится в древней китайской пословице, «*Путешествие в тысячу ли начинается с первого шага*», так и синергия совместного сотрудничества в возрождении Шелкового пути направлена на многие годы вперед на благо процветания двух стран, заявил глава Казахстана [Рамблер, 31. 05. 2018].	политика

Продолжение таблицы 17

Китайская пословица	Пример в российском масс-медийном дискурсе	Область употребления
	Древняя китайская поговорка гласит: «*Путь в тысячу ли начинается с одного шага*». Первый шаг к полноценному сотрудничеству сделан, теперь главное — не остановиться на полпути [Комсомольская правда, 05.02.2015].	образование
人无笑脸休开店 (Человек без улыбки не должен открыть магазин)	Китайская пословица гласит: «*Человек без улыбки не должен открывать магазин*». О каких чертах характера идет речь? Какие выводы можно сделать на основе этой пословицы относительно нашей темы занятия (конфликта между детьми и родителями) [Учительская газета, 22.02.2005]	образование
百花齐放 (Сто цветов расцветают)	«Мы хотим стимулировать инновации во всех формах, инструментах и во всех секторах, — заметил Греф. — Будем следовать китайской поговорке: *Пусть расцветают 100 цветов* » [Российская газета, 20.04.2006].	экономика
	Как говорит китайская мудрость: «*Пусть растут все цветы*». У меня тоже есть свой зритель. Каким я его представляю? [Российская газета, 16.04.2008]	культура
一个巴掌拍不响 (Одной рукой не хлопнешь)	А что касается известной истории с гаагским арбитражем, т. е. такая китайская пословица: «*Одной рукой в ладоши не хлопнешь*». Этот арбитражный орган не выносит вердикт о территориальной принадлежности ⋯ [Рамблер, 04.10.2016].	политика

Продолжение таблицы 17

Китайская пословица	Пример в российском масс-медийном дискурсе	Область употребления
	Призыв к сотрудничеству российский премьер закончил китайской пословицей: «*Одной рукой в ладоши не хлопнешь*» [Коммерсантъ, 13.10.2009]	экономика
站得高，望得远 (Стоять выше, видеть дальше)	«Он напомнил китайскую поговорку: "*чтобы видеть дальше, нужно подняться выше*". "Да, факторов неопределенности становится все больше и больше, но это не должно нас пугать, потому что если мы хотим видеть конечную цель, нужно просто подняться самим на такой уровень, с которого эта цель будет видна", — продолжил Путин» [ИТАР-ТАСС, 27.04.2018].	наука
	Владимир Путин предложил пресс-секретарю Дмитрию Пескову дать слово корреспонденту, обосновавшемуся в дальнем конце зала. И в связи с этим вспомнил китайскую мудрость. «*Кто выше сидит, тот дальше смотрит*», — сказал президент [Дни, 23.12.2016]	политика

Итак, мы определили, что китайская пословичная система обладает высокой адаптивностью к иной культуре, китайские пословицы широко употребляются в инокультурном пространстве, используются во многих сферах: образование, культура, общество, экономика, спорт. В качестве способа передачи авторских смыслов китайские пословицы больше всего используются в текстах о политике, для того чтобы рассказывать о развитии сотрудничества между Россией и Китаем. Кроме того, тема сохранения здоровья по-китайски привлекает все больше россиян, китайские пословицы не только передают информацию, но и служат истинной философией как для китайского, так и для русского народа.

Успех китайских пословиц связан с тем, что зачастую образ Китая ассоциируется с концептами мудрости, морали, истинных ценностей. Китайская цивилизация по праву считается одной из древнейших, что обусловливает беспрепятственное восприятие пословиц и поговорок этой страны как надежных средств аргументации. Употребление китайских пословиц в российском масс-медийном пространстве весьма широко, они могут появиться в любом месте в контекстах, иногда они цитируются как заголовок новости. Их употребление тесно связано с их функциями. Обратимся к рассмотрению функций китайских пословиц в российском масс-медийном дискурсе.

2.4　Функции китайских пословиц в российском масс-медийном дискурсе

В ходе исследования доказано, что китайские пословицы употребляются в текстах российских масс-медиа разнообразной тематики. Функции данных пословиц, по нашему мнению, зависят от содержания масс-медийных текстов.

В работах российских лингвистов выделяются разнообразные функции пословиц. В первую очередь, пословицы имеют общеязыковые функции: коммуникативную, когнитивную и аккумулятивную.

Коммуникативная функция присуща китайским пословицам в силу того, что они являются предикативными единицами, основу смыслового содержания которых составляют суждения. Эта функция позволяет передавать сообщение в инокультуру. В то время как коммуникативная функция пословиц очевидна, их стилистические функции, особенно в публицистическом стиле, где они могут вступать в различные смысловые и стилистические отношения, остается довольно сложным вопросом. Современная газета стремится не к «книжному» языку изложения, за счет изобразительно-выразительных средств, в том числе разговорного пословичного характера, она создает экспрессию и образность [Альмишева, 2011, с. 43].

Исходя из определений пословицы, сделаем вывод о том, что предназначение пословиц — поучение. Выделяется дидактическая функция пословиц и поговорок [Чижиков, 2006; Аникин, 2007; Семененко, 2012], которая рассматривается как общепаремическая функция. По мнению Т. А. Наймушиной, пословица содержит обобщение содержания и вследствие этого обладает дидактичностью [Наймушина, 1984, с. 19], т. е. пословицы поучают людей. Примерами данного типа служат пословицы, которые представляют собой кристаллизацию национального опыта.

А. А. Константинова отмечает, что использование паремий позволяет автору решать основные прагматические задачи: привлечение внимания, выражение отношения и оценки, создание стилистического эффекта; повышение экспрессивности, эмоциональности [Константинова, 2011, с. 24 – 28]. А. Крикманн пишет: «В повседневном употреблении пословицы, как правило, используются для каких-то практических целей: ими обосновывают свои положения, дают прогнозы, выражают сомнения, упрекают, оправдываются или извиняются в чем-то, утешают кого-то, издеваются и злорадствуют над кем-то, желают, обещают, разрешают, приказывают и запрещают и т. д. » [Крикманн, 1978, с. 94].

И. Ю. Моисеева и Е. В. Чудина выделяют три группы прагматических функций пословиц:

• привлечение внимания адресата;

• акцентуация, т. е. выделение коммуникативного значения элементов;

• функция компрессии информации [Моисеева, Чудина, 2004, с. 170 – 172].

О. Б. Абакумова исследовала функции пословиц в бытовом диалоге и выявила следующие прагматические функции:

• экспрессивная (эмоциональное состояние, оценки);

- констативная (информативная);
- регулятивная (призыв, поддержка, одобрение, побуждение к действию, упрек, совет, рекомендация, предупреждение) [Абакумова, 2014, с. 9].

О. Ю. Машина считает, что пословица подытоживает размышление героев, играет роль в обобщении в диалогах, описывает характер героя и его отношение к событиям, выполняет оценочную функцию [Машина, 2014, с. 185 – 187]. Говоря о функциях пословиц, Г. Л. Пермяков предлагает выделить 7 типов:

- моделирующая;
- поучительная;
- прогностическая;
- магическая;
- негативно-коммуникативная;
- развлекательная;
- орнаментальная [Пермяков, 1988, с. 87-90].

Стоит отметить отличие российской трактовки от трактовки китайских ученых. Одна и та же пословица в различных ситуациях и контекстах выполняет различные функции, т. е. употребление китайских пословиц может влиять на их функции. Использование китайских пословиц в российском масс-медийном дискурсе связано с важнейшими аспектами мышления китайского народа и их мировоззрением, которые позволяют говорить об их когнитивных функциях.

Китайский ученый Хоу Пу полагает, что все прагматические функции пословиц должны быть выделены в 4 группы:

- совет, уговор и убеждение;
- приведение и подтверждение точки зрения;
- создание гармоничной атмосферы;
- введение к новой теме [侯璞, 2012, с. 38-42].

Сун Цайфэн указывает, что пословицы имеют следующие функции:

- общественно-коммуникативная функция;
- функция наставления на путь добродетели;
- функция способствования гармонии между людьми;
- функция передачи знаний;
- функция образовательного просвещения;
- функция литературного изображения;
- контекстная указательная функция;
- функция культурной идентичности [宋彩凤, 2013, с. 281-282].

В ходе исследования китайских пословиц в американском коммуникативном пространстве Е. А. Яковлева отмечает, что заимствованные китайские пословицы в текстах имеют метатекстовую функцию, т. е. пословицы служат средством привлечения внимания к традициям, нормам и ценностным установкам китайской культуры, особенно в текстах «китайской» тематики [Яковлева, 2016, с. 107]. Данной позиции придерживается А. Г. Чижиков, который полагает, что данная функция пословиц является «особенностью интертекста и проявляется как ссылка на другие тексты» [Чижиков, 2006, с. 143].

Обобщая классификации О. Б. Абакумовой, китайского ученого Хоу Пу (侯璞) и других российских и зарубежных ученых, а также систематизацию функций И. Ю. Моисеевой и Е. В. Чудиной, мы выделяем в российском масс-медийном пространстве четыре основных функции китайских пословиц:

- функция привлечения внимания;
- эмоционально-экспрессивная функция;
- оценочная и регулятивная функции;
- функция создания гармоничной атмосферы.

2.4.1 Функция привлечения внимания китайских пословиц

Исследование показало, что китайские пословицы в российском масс-медийном дискурсе употребляются для привлечения внимания читательской аудитории. Данная функция проявляется не только в текстах «китайской» тематики, но и в материалах более широкой тематики.

Для успешного выполнения функции привлечения внимания адресата употребление китайских пословиц в российских дискурсах сопровождается словами или короткими предложениями, отчетливо показывающими употребление именно китайских пословиц: «в Китае есть пословица», «по китайской поговорке», «Как говорил Конфуций», «китайская мудрость гласит, что ...», «например, китайская пословица ...». Прагматический эффект использования китайской пословицы основан на ассоциации с мудростью китайской древней цивилизации, что и привлекает внимание читателей, данные представлены в таблице 18.

Таблица 18   Отражение функции привлечения внимания китайских пословиц с помощью вводных слов в российском масс-медийном дискурсе

Китайская пословица и ее дословный перевод	Вводные слова в контекстах	Пример употребления китайских пословиц в российском масс-медийном дискурсе
道不同,不相为谋 Пути неодинаковы, не вместе сотрудничать	Как говорил Конфуций	«Как говорил Конфуций, когда пути неодинаковы, не составляют вместе планов», — сказал президент, заметив, что к России и Китаю это изречение не относится ... между Дальним Востоком и Восточной Сибирью и северо-востоком КНР [Известия, 27.09.2010]
贪多嚼不烂 Жадничаешь много — не сможешь разжевать	Есть такая мудрая древняя китайская поговорка	Есть такая мудрая древняя китайская поговорка: «Нельзя откусывать больше, чем сможешь проглотить» ... а он вырабатывается в жировой ткани в меньшей степени — от этого возникает гормональный дисбаланс [Аргументы и факты, 07.11.2011]

Продолжение таблицы 18

Китайская пословица и ее дословный перевод	Вводные слова в контекстах	Пример употребления китайских пословиц в российском масс-медийном дискурсе
盛极而衰 Расцвет идет до высшей точки, затем следует упадок	Как гласит мудрая китайская поговорка	*Как гласит мудрая китайская поговорка, «путь с вершины ведет только вниз». И, скорее всего, так оно и есть. Но очевидно и то, что процесс этот будет долгим, противоречивым и, судя по всему, конфликтным и мучительным* [Известия, 04.11.2012]
乐莫大于无忧 Радость самая большая и не радость без печали	Китайская пословица гласит	*Китайская пословица гласит: «Нет большей радости, чем отсутствие причин для печали». Судьба распорядилась так, что из всех древнейших цивилизаций только китайской удалось избежать мощнейших катаклизмов* [Аргументы и факты, 10.12.2007]

В такой функции китайская пословица употребляется в заголовке статьи, в начале статьи или в начале абзаца. Следовательно, функция привлечения внимания у китайских пословиц тесно связана с местом их расположения в публикации.

Часто рассматриваемую функцию выполняют пословицы, находящиеся *в первом предложении целого текста или в первом предложении какого-либо раздела*.

Обратимся к конкретному примеру. Рассмотренная в таблице 18 китайская пословица 乐莫大于无忧 (досл.: Радость самая большая и не радость без печали) процитирована в следующем фрагменте газеты «Аргументы и факты»: *«Китайская пословица гласит: Нет большей радости, чем отсутствие причин для печали. Судьба распорядилась так, что из всех древнейших цивилизаций только китайской удалось избежать мощнейших катаклизмов, приведших другие государства к упадку и глобальным кризисам»* [Аргументы и факты, 10.12.2007].

В данном фрагменте китайская пословица 乐莫大于无忧 появилась в первом предложении статьи. Читатели сразу интересуются: как статья связана с этой пословицей? Читатель замечает, что статья повествует о древней цивилизации, знакомит с Китаем. Китай является одним из уникальнейших мест на земном шаре. Здесь раньше, чем во многих других регионах нашей планеты, появился человек, и сложилась человеческая общность.

Другие примеры выполнения китайскими пословицами функции привлечения внимания представлены в таблице 19.

Таблица 19   Реализация функции привлечения внимания китайскими пословицами, встреченными в российском масс-медийном дискурсе

Китайская пословица и ее дословный перевод	Место появления китайской пословицы	Пример употребления китайской пословицы в российском масс-медийном дискурсе
跬步千里 Шаг за шагом дойдет до цели	первое предложение статьи	*Так звучит на древнекитайском языке старая китайская мудрость «Шаг за шагом дойдем до цели».* Эта фраза, услышанная много лет назад от партийного работника в Пекине, вспомнилась в связи с прошедшим государственным визитом В. Путина в Китай [Аргументы недели, 22.05.2014]

Продолжение таблицы 19

Китайская пословица и ее дословный перевод	Место появления китайской пословицы	Пример употребления китайской пословицы в российском масс-медийном дискурсе
上有天堂,下有苏杭 Наверху есть рай, внизу есть Сучжоу и Ханчжоу	первое предложение статьи	«На небесах есть рай, а на земле есть Ханчжоу», — считается, что так гласит китайская мудрость. Один из самых красивых мегаполисов страны Ханчжоу находится в 180 километрах к юго-западу от Шанхая [Рамблер, 13.01.2019]
黄金有价玉无价 Золото имеет цену, нефрит бесценен	первое предложение статьи	«Золото имеет цену, нефрит же бесценен», — китайская пословица имеет вполне конкретное прикладное значение, когда речь заходит о добыче и продаже этого минерала. Китайцы верят, что камень имеет целебные и даже магические свойства, а потому готовы платить за него по расценкам выше рыночных [Новая газета, 04.04.2014]

Причина, по которой китайские пословицы могут привлечь внимание читателей, заключается в том, что в древней истории Китая было много знаменитых людей, таких как Лаоцзы, Конфуций, Чжуанцзы и т. д., и цитаты Мао Цзэдуна, Дэн Сяопина также достаточно известны в настоящее время.

Приведем в пример другую китайскую пословицу 有朋自远方来,不亦乐乎 (*Разве не приятно, когда из далеких стран приезжает друг*) в следующем фрагменте: «*Говоря о прошедшем годе российского туризма в КНР, китайский лидер с особой теплотой вспомнил дружественную атмосферу, в которой проходили все мероприятия акции. Нет предела радости, когда друг приехал издалека,* — *процитировал Си Цзиньпин древнее изречение, завершая речь»* [Российская газета, 29.03.2013].

Си Цзиньпин, будучи лидером КНР, привлекает внимание людей из разных уголков мира. Того, что он сказал, достаточно, чтобы привлечь внимание читателей. Пословица 有朋自远方来, 不亦乐乎, которую он процитировал, взята из книги《论语》(«Лунь Юй»), которая представляет собой изречения Конфуция.

С распространением китайской культуры мудрость Конфуция стала известна в русской культуре. В российском медиадискурсе можно обнаружить и изречение Конфуция — 温故而知新, 可以为师矣 (*Тот, кто, обращаясь к старому, способен открывать новое, достоин быть учителем*) во фрагменте «Комсомольской правды» [Комсомольская правда, 21.07.2015].

Отметим, что уровень привлечения внимания читателей при употреблении китайской пословицы в позиции первого предложения, зависит также от статуса говорящего, т. е. цитаты президента, чиновников, влиятельных людей имеют большее значение.

Следовательно, предложение Си Цзиньпина, китайского лидера, обладает влиятельностью благодаря его высокому социальному статусу, под которым понимается, по В. И. Карасику, «соотносительное положение человека в социальной системе, включающее права и обязанности и вытекающие взаимные ожидания поведения» [Карасик, 2002, с. 5].

Часто рассматриваемая функция проявляется у китайских пословиц и их трансформированных форм, когда они употребляются как *заголовки или подзаголовки статей* в российском масс-медийном пространстве.

В качестве примера можно привести китайскую пословицу 不要光动嘴 (*Не говорить приятных слов*) в статье российского медиадискурса: «*Китай не послушал Горбачева и обогнал Россию навсегда. Поднебесная ставит главную цель — образованное население. Китайская пословица гласит: Бу яо шуо хаотин хуа (заголовок) …Мир ещё признает открытия китайских ученых и инженеров, когда, наконец, поймёт, что отнюдь не вся мировая наука и техника сосредоточена в странах Запада...»* [Безформата, 07. 05. 2018]. Здесь она цитируется как заголовок публикации, смысл которой такой: «Не надо расточать приятных слов: работай быстро, старательно, но молча...».

Функция привлечения внимания данной пословицы как заголовка заключается в том, что пословица заставляет читателей размышлять: *Китай только расточает приятные слова или молча работает?* Ответ был найден в конце статьи: *мир еще признает открытия китайских ученых и инженеров, когда, наконец, поймет, что отнюдь не вся мировая наука и техника сосредоточена в странах Запада, Китай работает без шума, без похвальбы, без хайпа.*

Необходимо обратить внимание, что при выполнении указанной функции китайские пословицы в некоторых проанализированных заголовках подвергаются трансформации.

Приведем в пример китайскую пословицу 明枪易躲，暗箭难防 (*Защищаться от видимого оружия куда легче, чем от стрелы, пущенной из-за угла*) в следующем заголовке текста российского медиадискурса: *«Виталий Петров получил удар из-за угла»* [Коммерсантъ, 12. 09. 2011]. В данном фрагменте посредством паремиологической контаминации создается заголовок, способный привлечь внимание читателя.

Аналогично встречается немало китайских пословиц, использованных в статьях российских СМИ в качестве заголовков или подзаголовков, которые представляют собой начало той или иной части текста. Примеры представлены в таблице 20.

Таблица 20　Отражение функции привлечения внимания при употреблении китайских пословиц в заголовках российского масс-медийного дискурса

Китайская пословица	Способ отражения	Пример употребления китайской пословицы как заголовок в российском дискурсе
鹬蚌相争,渔翁得利 Птица-рыболов и устрица сцепились, а рыбак получает выгоду	заголовок	В схватке Смирнова и Каминского победил Шевчук [MK. ru, 12. 12. 2011].
江山易改,禀性难移 Легче изменить реки и горы, чем характеры	подзаголовок	Горы и реки изменить легко, характер человека — трудно [поистине].
吃水不忘挖井人 Пьешь воду — не забывай того, кто вырыл колодец	подзаголовок	Когда пьешь воду, не забывай тех, кто вырыл колодец [Рамблер, 14. 09. 2016].
有钱能使鬼推磨 Если имеешь деньги, то даже черт тебе будет вращать жернов	подзаголовок	За большие деньги и богов купить можно [Рамблер, 14. 09. 2016].
工欲善其事,必先利其器 Когда ремесленник собирается хорошо сделать свою работу, он сначала обязательно наточит свои инструменты	подзаголовок	Прежде чем начать работу, наточи инструмент [Рамблер, 14. 09. 2016].

Таким образом, для того чтобы заинтриговать и заинтересовать читателя, заголовок необходимо сделать максимально ярким и запоминающимся. Для этой цели часто используются фразеологические обороты, как правило, трансформированные. К ним публицисты прибегают с целью создания наибольшего эмоционального эффекта.

Использование китайских пословиц для привлечения внимания

читателей должно быть основано на их известности. С одной стороны, они могут быть цитатой знаменитости, например, Конфуция, Лаоцзы, МаоЦзэдуна, Дэн Сяопина, а с другой стороны, они могут быть популярными среди целевой читательской аудитории фразами.

В российском масс-медийном пространстве китайская пословица формирует дискурсивную рамку определенного содержания. А. А. Константинова отмечает, что пословицы выстраивают схемы для организации, запоминания и осмысления информации в дискурсе и, тем самым, выступают элементами его структурной организации, концептуальными связками [Константинова, 2011, с. 391].

2.4.2 Эмоционально-экспрессивная функция китайских пословиц

Другой важной функцией китайских пословиц в российском масс-медийном дискурсе является эмоционально-экспрессивная функция.

Эмоции — внутренние душевные состояния, физиологические состояния организма, имеющие ярко выраженную субъективную окраску и охватывающие все виды чувств и переживаний человека — от глубоко травмирующих страданий до высоких форм радости и социального жизнеощущения, эмоция рассматривается как реакция на ситуацию и событие, включая страх, удивление, радость, гнев, отвращение, горе и т. д. [Ильин, 2001, с. 38-48].

Особый интерес к экспрессивности возник в середине XX в., когда появились работы Л. М. Васильева [Васильев, 1962], Е. М. Галкиной-Федорук [Галкина-Федорук, 1958] и других исследователей, в которых было предложено теоретическое осмысление категории экспрессивности. Экспрессивность составляет основную часть коннотативного значения пословичных единиц, которая не входит в их денотативное содержание.

Китайские пословицы в российском масс-медийном дискурсе нередко служат образным, выразительным и эмоциональным средством. В силу своих особенностей, китайские пословицы обладают широкими возможностями для эмоциональной окраски высказываний, оживляют тексты, ярко отражают позицию говорящего.

Древняя китайская мудрость гласит: «*Хочешь победить врага — воспитай его детей…*», эта пословица используется в следующем фрагменте российского медиадискурса: «*Значительная часть современной молодежи, не имея альтернатив для развития, самореализации и самопрезентации, практически живет в интернете … Древняя китайская мудрость гласит: Хочешь победить врага — воспитай его детей. В условиях усиления конфронтационного потенциала, обострения борьбы не столько за территории и ресурсы, сколько за умы, в ситуации роста глобальных вызовов и угроз, когда на карту поставлено само выживание целых стран и народов, значение образования возрастает в разы*» [Известия, 27.04.2017].

В данном примере выразительность достигается тем, что утверждаемая пословицей сентенция принципиально противоречит установленному в обществе порядку. С другой стороны, это противоречие вызывает эмоциональный отклик и превращает сказанное в движущую силу.

Приведем другой фрагмент: «*За прошлый год была предотвращена попытка 10 000 человек бежать из страны с помощью "морских судов и двойного дна в грузовиках". При этом как-то забывается другое — за это же время 350 000 китайцам удалось перебраться за границу и осесть в 70 странах — в основном опять-таки в многострадальных Европе, России и США. Эти эмигранты уже не помнят знаменитую китайскую поговорку Жить на чужбине — все равно что целовать дракона. А всего за последние двадцать лет из КНР выехали, по разным оценкам, от 5 до 25 (!) миллионов человек*» [Аргументы и факты, 27.11.2002].

Экспрессия достигается путем приведения пословицы, основанной на использовании традиционного китайского образа — *дракона*, — хорошо известного как в современной России, так и во всем мире. Он является частью китайской традиционной мифологии, символом Китая. Такая пословица усиливает аргументацию и подводит итог сказанному.

При выполнении данной функции стилистические значения пословиц могут пробудить воображение слушателя или читателя, оживить текст и сделать дискурс более понятным. Чаще всего для успешного выполнения данной функции в китайских пословицах употребляются такие средства выразительности:

- преувеличение;
- перенос;
- противопоставление;
- сравнение;
- персонификация.

Обратимся к конкретному примеру. Китайская пословица 人怕出名猪怕壮 (*Человек боится известности, как свинья боится разжиреть*) используется в следующем фрагменте газеты «Аргументы и факты»: «*Постарайся быстрее стать звездой, — говорят героине фильма родственники, — когда тебе стукнет 27, целая толпа 18-летних будет дышать тебе в спину». Но к конкуренции эти подростки не привыкли — все они из поколения, которое выросло в эпоху китайской политики «одного ребенка»... Этот фильм исследует ценности и нравы нового поколения, которое, несмотря на китайскую поговорку о том, что первой забивают свинью жирную, а человека — неординарного, выросло поколением индивидуалистов и уникальных талантов и превыше всего ценит личные достижения*» [Аргументы и факты, 07.11.2014].

В данном фрагменте экспрессивность исконной китайской пословицы создается при помощи образности.

Китайская пословица 人怕出名猪怕壮

первой забивают свинью жирную, а человека — неординарного

(в российском медиадискурсе)

человек	свинья
одаренный, талантливый, знаменитый, трудолюбивый и др.	ленивый, глупый и т. д.

В данной пословице наблюдается две образные области: образ человека и образ животного. Межобластная метафорическая проекция заключается в визуализации более заметного. Получается, если человек известен в своей сфере, то легко подвергается упрекам или другим видам нападок.

Эмоционально-экспрессивная функция необходима, чтобы украсить речь, сделать ее более выразительной, экспрессивной, яркой, богатой, тем самым дать ей эстетическую оценку. В отличие от оценочной функции, эмоционально-экспрессивная функция выражается в том, что китайские пословицы сами украшают речь и определенным образом выстраивают ситуации в контекстах, организуют смыслы, превращаются в отдельные блоки.

Приведем конкретный пример. Китайская пословица 家有梧桐树, 自有 凤凰来 (*Если в доме есть дерево Утун, на него прилетает феникс*) используется в следующем фрагменте российского медиадискурса: «*В нашем клубе мы учимся верить в лучшее, поддерживать добрые начинания друг друга, протягивать руку помощи ближним. Ведь китайская пословица гласит: если в твоей душе осталась хотя бы одна цветущая ветвь, на нее всегда сядет поющая птица,* — уверена лидер " микееров " Екатерина Жданова »
[Безформата. ru, 22. 02. 2018].

Пословица имеет эмфатический характер. Поскольку в традиционной китайской культуре считается, что дерево *утун* — это древнее хорошее дерево, на котором отдыхают фениксы и едят только их плоды.

Содержащийся в пословице образ и экспрессивность, безусловно, украшает речь.

Китайские пословицы передают смысл, выражая внутреннее состояние говорящего, усиливая эмоции, поэтому довольно часто при их использовании в российском масс-медийном дискурсе для яркой выразительности, соотносятся два явления: они либо сравнивается, либо противопоставляются.

Китайская пословица 天下事有难易乎？为之，则难者亦易矣，不为，则易者亦难矣 (*Всегда в мире, если ты делаешь, то трудное становится легким, а не делаешь, легкое будет трудным*) встречается в следующем фрагменте текста российского медиадискурса: «*Слухи о сложности изучения китайского языка сильно преувеличены. К нему нужно просто привыкнуть. Часто говорят: надо обладать тонким музыкальным слухом, надо учить с детства, иначе освоить китайский язык невозможно … Как говорит китайская пословица, если ты делаешь что-то, то сложное становится легким. Если ты не делаешь это, то и легкое становится сложным*» [Безформата. ru, 02. 07. 2018].

В данном фрагменте речь идет об изучении китайского языка и моде на него. Хотя выучить этот язык сложно, но все же возможно добиться успеха при определенных усилиях.

Экспрессивно данная пословица в сопоставительном плане показывает нам противопоставление между сложностью и легкостью следующим образом (см. рис. 8):

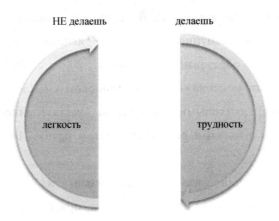

Рисунок 8   Противопоставление внутри китайской пословицы

Таким образом, эмоционально-экспрессивная функция является прагматической и стилистической. Экспрессивность китайских пословиц часто связана с ее стилистическим значением, стилистика также передает прагматическое значение стилистическими средствами.

Эмоционально-экспрессивная функция пословиц проявляется, если в высказывании прямо выражено отношение человека к тому, о чем он говорит, или к ситуации. В зависимости от ситуации экспрессивность усиливается или ослабевает, но никогда не исчезает, поскольку данная функция пословиц по своей сути вытекает из их внутренних характеристик, т. е. пословицы лаконично, эффективно, эмоционально и экспрессивно передают установки, стереотипы народа.

2.4.3   Оценочная и регулятивная функции китайских пословиц

Оценочная функция также входит в состав основных функций китайских пословиц в российском масс-медийном дискурсе.

Пословица нередко понимается как оценочное высказывание, оценочное суждение [Абакумова, 2012, с. 32]. Оценка выступает субъективным выражением значимости предметов и явлений окружающего мира [Беляева,

2008, с. 163-167]. По мнению Н. Л. Бунеевой, оценка во фразеологии и сфере использования коммуникативных ФЕ — явление более сложное, чем в простых лексических образованиях» [Бунеева, 2001, с. 24]. В современной лингвистике термин «оценка» в самом широком смысле слова понимается как обозначение языковыми средствами установленного ценностного отношения между субъектом речи и предметом речи» [Бакирова, 2009, с. 137].

Категория оценки является ключевой в развитии процесса коммуникации, она объединяет в себе как прагма-социолингвистические характеристики коммуникантов, так и черты их речевого поведения. Оценка как аксиологическая категория может, в частности, коммуникативно проявляться или вербализироваться в речевых актах.

Произнося пословицы, человек рассматривает их как результат коллективного мышления, сквозь пословицы передает свои мысли, чувства и т. д. Корпус пословиц, в целом, достаточно точно отражает специфику оценочных предпочтений того или иного народа. Оценочное отношение формируется у человека к окружающим явлениям, все оценки вытекают из взглядов на окружающую действительность.

В любых языках оценочные отношения можно разделить на 3 группы:

• отрицательная оценка;

• положительная оценка;

• нейтральная оценка.

Г. О. Азылбекова пишет: «Представление об оценке в философии, логике, и, как следствие этого, лингвистике связывается, прежде всего, с оценочными предикатами «*хорошо*» и «*плохо*», исследованию которых посвящена значительная литература» [Азылбекова, 2011, с. 8]. Нейтральная оценка не выражена никак, поэтому в нашем исследовании мы обращаемся только к отрицательной и положительной оценке.

Как правило, отрицательная оценка китайских пословиц выражена имплицитно в российском масс-медийном пространстве. Приведем в пример китайскую пословицу 羊入虎口 (*Ягненок в пасть тигра*) в следующем тексте масс-медиа : « *Китайская пословица гласит* : *. . . ягненок падает в пасть тигра* » [Безформата, 24. 03. 2017]. В данном фрагменте речь идет о проблеме коррупции в России. Образное сравнение показывает нам, что принимаемые меры по устранению коррупции оказываются неэффективными, выражается отрицательная оценка тех чиновников, кто берет деньги.

Положительная оценка в китайских пословицах связана с такими концептами, как *активность*, *польза*, *добро*, *бережливость*, *знание*, *здоровье*, *честность*, *дружба*, *время*, *вежливость*, *похвала*, *комплимент*.

Так, например, встречается китайская пословица 人间天堂 (*Рай на земле*) в следующем масс-медийном тексте : « *Пока китайский город Ханчжоу, упоминающийся в местной поговорке как* рай на земле, *готовится встретить* «Большую двадцатку» *и горожане штудируют* «Краткий курс английского», *а власти просят местных уехать подальше — остров Русский принимает делегацию российских вице-премьеров, министров, руководителей федеральных служб и губернаторов* » [Lenta. ru, 31. 08. 2016].

Отметим, что лексема *рай* обозначает « чистоту », « доброту », и он является хорошей, идеальной средой обитания. Оценочное значение данной китайской пословицы заключается в том, что у людей есть стремление к лучшей жизни. Русский остров славится красивыми пейзажами и прекрасным климатом, он рассматривается как « *рай* » в России. Из этого следует, что в различных культурах позитивное стремление к жизни всегда похоже.

Другими примерами китайских пословиц с позитивной оценкой являются: 第一个吃螃蟹的人是勇敢的 (*Первый, кто съест краба — герой*), 酒香不怕巷子深 (*Доброе вино не нуждается в рекламе*). Они представлены в таблице 21.

Таблица 21   Выражение положительной оценочной функции китайскими

пословицами в российском масс-медийном дискурсе

Китайская пословица и ее дословный перевод	Пример употребление китайской пословицы в российском дискурсе	Аспекты позитивной оценочной функции
酒香不怕巷子深 Вино ароматное не боится находиться в глубокой переулке	Фужу появился на несколько сотен лет позже самого доуфу. Старинная пословица гласит: «Доброе вино не нуждается в рекламе» [Российская газета, 05.12.2014]	одобрение, похвала
初生牛犊不怕虎 Новорожденный теленок не боится тигра	Дальше — Медведев бестрепетно пошел на формальное изменение Конституции, чего Путин, то и дело фактически отступавший от духа Основного закона, все же избегал. «Новорожденный теленок не боится тигра» [Бизнес онлайн, 15.07.2010]	храбрость
第一个吃螃蟹的人是勇敢的 Первый, кто съест краба, — смельчак	… Не знаю, потому что это совершенно новый для меня жанр. Я никогда не пробовал снимать фантастику… В Китае есть пословица «Первый, кто съест краба, — герой». По-моему, я могу считать себя героем. Я съел очень большого краба! [Известия, 26.06.2006]	гордость

Продолжение таблицы 21

Китайская пословица и ее дословный перевод	Пример употребление китайской пословицы в российском дискурсе	Аспекты позитивной оценочной функции
坚持就是胜利 Смелый и настойчивый получает победу	Как гласит поговорка: « *Упорный труд победу приносит* ». Надеюсь, что обе страны будут вместе упорно двигаться вперед и запустят корабль отношений в новое большое плавание на полных парусах [Известия. 03. 09. 2017]	признание

Оценочная функция китайских пословиц является способом выразить отношение автора к ситуации, следовательно, нередко оценочная функция сочетается с *регулятивной*:

- функцией совета;
- функцией уговора или запрета;
- функцией убеждения.

Убеждение является особым информационным процессом, заключающимся в передаче соответствующих сведений [Кулькова, электронный ресурс]. Адресат способен узнать реальность и истинность данных сведений посредством жизненного опыта адресанта (автора). Автор выражает свое мнение о том, полезно или неполезно действие, тем самым советует его выполнять адресату или предостерегает от него.

Следующие пословицы выражают взгляд говорящего на существующее в обществе явление соперничества: 夫唯不争,故天下莫能与之争 (*Мастер победжает лишь потому, что ни с кем не соперничает*) [Аргументы и факты, 23. 04. 2009]; или мести: 冤冤相报何时了 (*Решил мстить — рой две могилы*) [Аргументы и факты, 26. 02. 2001]. Цель пословиц заключается в том, чтобы научить правильно относиться к соперничеству и мести.

Примером *функции совета* может служить использование китайской пословицы 旧的不去新的不来 (*Пока старое не уйдет, новое не придет*) в следующем фрагменте материала из газеты «Аргументы и факты»: «*Все, что рука не поднимается выбросить, сложите в самый дальний угол антресоли, но аккуратно. Возможно, придет идея, как эти вещи использовать, но лучше вспомните восточную мудрость: Чтобы в жизнь вошло что-то новое, надо избавиться от старого*» [Аргументы и факты, 04.12.2006].

В данном фрагменте речь идет о том, что важно уметь избавляться от ненужного. Интересно, что согласно китайскому учению *фэн-шуй* тому, кто не способен избавляться от ненужного, никогда не поймать чудесной энергии *ци*, которая несет обновление, новые возможности, сметает препятствия и позволяет вкушать все радости жизни.

Примером реализации функции совета является другая китайская пословица 成名要趁早 (*Для того чтобы стать известным, надо начать как можно раньше*), которая процитирована в следующем публицистическом тексте: «*Есть такая китайская пословица, которая переводится на английский как желаю тебе обрести славу и богатство в юности… Поэтому мы нередко видим, как юные звезды быстро перегорают. Иметь все и потерять все — куда трагичнее, чем никогда ничего не иметь*» [Lenta.ru, 16.05.2014].

Выясняется, что оценочная функция китайских пословиц может измениться в зависимости от конкретных ситуаций употребления, т. е. от контекста. В китайских текстах пословица 成名要趁早 дает нам совет: надо как можно раньше начинать зарабатывать деньги и стремиться славе.

Однако эта же китайская пословица в русскоязычном тексте рассматривается автором как негативный пример. Ссылаясь на нее, автор имплицитно советует не гнаться за славой и богатством. Это доказывает, что китайские пословицы в российском коммуникативном пространстве могут реализовывать значение, противоположное первоначальному.

Обратим внимание на то, что китайские пословицы в российском коммуникативном пространстве также могут выполнять *функции запрета* не делать что-либо.

Приведем в пример китайскую пословицу 贪多嚼不烂 во фрагменте текста российского медиадискурса: «*Есть такая мудрая древняя китайская поговорка: Нельзя откусывать больше, чем сможешь проглотить. Эстрогены в нашем организме должны уравновешиваться прогестероном, а он вырабатывается в жировой ткани в меньшей степени — от этого возникает гормональный дисбаланс. А это — фактор риска для возникновения бесплодия, а также гинекологических заболеваний, в том числе очень тяжелых*» [Аргументы и факты, 17. 11. 2011].

В данном примере функция запрета выражается в том, что для сохранения гормонального баланса в организме и, следовательно, здоровья автор просит не переедать и следить за весом.

Кроме того, к регулятивной функции также относится *функция убеждения*. Функция убеждения воплощена в том, что пословицы выступают в качестве средства аргументации. Принято считать, что мысли в пословицах убедительны сами по себе и не требуют дополнительной аргументации.

Доказательством вышесказанного является китайская пословица 是药三分毒 (*У каждого лекарства есть побочные эффекты*) в следующем фрагменте: «*В войнах его стали применять уже позднее. Поэтому конкретно в моем творчестве порох символизирует скорее лекарство и излечение от невидимых болезней. Но есть такая китайская поговорка: каждое лекарство на одну треть ядовито. Об этом тоже важно помнить*» [Lenta. ru, 12. 09. 2017].

В то же время пословица может ассоциироваться с теми знаниями, которые находятся у людей на подсознательном уровне.

Упомянутая китайская пословица 千里之行始于足下 (*Путь в десять тысяч ли начинается с первого шага*) [Известия, 15. 01. 2003] является абсолютной истиной не только для китайцев, но и для русского народа. Как говорят О. В. Гавриленко и О. В. Николаева: «Китайская пословица в российских дискурсах передает истину, имеет универсальную истинность»

[Гавриленко, Николаева, 2013, с. 1-11].

Таким образом, оценочная функция китайских пословиц в российском масс-медийном пространстве достаточно обширна.

В ходе нашего практического анализа замечено, что оценочная функция китайских пословиц осложняется другими, поскольку оценка всегда сочетается с эмоцией, отражающей внутреннее состояние человека. Употребление китайских пословиц с оценочной функцией обусловлено, прежде всего, прагматическими целями авторами, особенностями восприятия российского коммуникативного сообщества, общностью человеческих оценок независимо от культурной принадлежности.

2.4.4 Функция создания гармоничной атмосферы

У китайских пословиц также можно выделить функцию создания гармоничной атмосферы.

По мнению китайского ученого Хоу Пу, пословицы могут создать гармоничную атмосферу в коммуникации, поскольку большинство пословиц являются яркими, образными и, как правило, относятся к разговорному стилю. В разнообразных речах, таких как тосты, выступления и т. д., использование пословиц может эффективно сократить психологическое расстояние между двумя сторонами и создать гармоничную атмосферу.

Доказательством этого служит китайская пословица 这是个……猫 (Это какая-то кошка) в следующем тексте российского медиадискурса: «*Аппетит, известно, приходит во время еды. Того же шоколадного торта… У китайцев есть пословица — неважно, какого цвета кошка, лишь бы она ловила мышей… Они ее перефразировали: Неважно, какого цвета кошка — черного или белого, все равно, это американская кошка*» [Комсомольская правда, 13.05.2017].

Во время разговора журналист, берущий интервью, начинает диалог с русской пословицы «*Аппетит приходит во время еды*», чтобы привлечь наше внимание.

А оригинальная китайская пословица — *Неважно, какого цвета кошка, лишь бы она ловила мышей*, перефразированная в «*Неважно, какого цвета кошка, черного или белого, все равно это американская кошка*», ассоциируется с текущей ситуацией, таким образом, через юмор, интервьюируемый пытается избежать ответа на острый вопрос, официальная атмосфера становится более неформальной, психологическая дистанция между двумя собеседниками сокращается.

Функция создания гармоничной атмосферы часто реализуется в тех случаях, когда происходит международное общение.

Пословицы представляют собой совокупность мудрости и опыта людей, в пословицах отражена истина и универсальность. Когда говорящий использует пословицу, он неизбежно выражает два мнения — мнение самого себя и коллективного. Пословицы часто «восходят к народной мудрости, они отражают отношение культуры к определенному явлению или событию, представляют традиционную ценностную ориентацию и установки народа» [纪玉华、吴建平, 2008, с. 22-23].

Итак, употребление китайских пословиц показывает, что другая сторона понимает китайскую культуру, и вследствие этого, предпочитает продолжать взаимодействие с ней. Примером могут стать высказывания В. В. Путина, в которых не раз цитируются китайские пословицы. Обратимся к следующим фрагментам:

（1）«*Древняя китайская мудрость гласит: Не бывает, чтобы корень был непрочен, а ветви выросли могучими. Надо сказать, что прекрасная "крона" наших совместных усилий, украсившая в последние годы наши отношения, отражает всю глубину и прочность поистине дружеских чувств двух народов*» [Сайт Президента России, 26.03.2007].

В данном фрагменте китайская пословица 根深叶茂 (*Если корень прочен, ветви будут могучими*) означает, что при стабильной основе перспективы развития будут хорошими. Употребляя данную пословицу, В. В. Путин сразу «сокращает расстояние» между двумя странами, он показывает стремление России к сотрудничеству и дружественным отношениям с Китаем, он успешно вызывает эмоциональный резонанс между сторонами.

（2） *«Китайская философия богата на мудрые изречения. Одно из них гласит: Пусть потомки наслаждаются прохладой в тени деревьев, посаженных их предками. Саженцы дружбы, которые взрастили наши народы, уже превратились в могучие деревья. И я уверен, что вы не только по достоинству оцените результаты того, что уже сделано. Но и сами положите начало многим добрым делам, которые послужат на благо наших великих народов»* [Сайт Президента России, 03.12.2002].

Китайцы, в отличие от западных стран, по-другому планируют свою жизнь. Поскольку в Китае система социального обеспечения не совершенна, то в сочетании с традиционной философией у китайцев сформировалась уникальная модель планирования — привычка все решения в жизни принимать с пониманием того, что они должны быть полезными будущим поколениям рода: детям, внукам и правнукам. Данная традиция поддерживается уже несколько тысячелетий и стала неотъемлемой частью культуры китайского народа. Пословица *«Пусть потомки наслаждаются прохладой в тени деревьев, посаженных их предками»* （前人栽树,后人乘凉） хорошо демонстрирует такой подход китайцев.

При встрече со студентами и преподавателями Пекинского университета, употребляя данную китайскую пословицу, президент сразу же оказывает хорошее впечатление на студентов и преподавателей, что создает гармоничную атмосферу для общения.

Считаем, что китайские пословицы могут оказывать на читателей особый когнитивный эффект, потому что они вызывают культурно установленные и признанные ментальные схемы у читателей. Суть функции создания гармоничной атмосферы состоит в том, что на когнитивном уровне возникает определенный отклик, результатом которого является успешная коммуникация между собеседниками.

Приведем в качестве примера следующий фрагмент из выступления президента РФ: «*Мы намерены развивать сотрудничество в экономической и военно-технической сфере, в области энергетики, авиастроения и космической техники. Сегодня Председатель КНР упоминал известную китайскую поговорку, согласно которой близкий сосед лучше, чем дальний родственник. Мы целиком и полностью разделяем такой подход и уверены, что нас ждет успех. Потому что реализация и достижение тех целей, которые мы перед собой ставим, заинтересованы как китайский, так и российский народ*» [Сайт Президента России, 18.06.2000].

Китайская пословица 远亲不如近邻 (*Дальний родственник не так близок, как сосед*) в данном тексте означает, что в случае чрезвычайной ситуации, когда человеку нужна помощь, дальние родственники не так полезны, как соседи поблизости. В то же время, это также означает, что отношения между соседями обычно более близкие, чем у дальних родственников. Употребляя данную китайскую пословицу, В. В. Путин полагает, что Россия и Китай могут внести существенный вклад в укрепление международной безопасности, и он намерен вместе с китайскими коллегами не только подтвердить эту позицию, но и укреплять ее в ходе совместной работы. Цитируемая китайская пословица — это признание и подтверждение Россией статуса и способностей Китая. Китайская сторона также готова прилагать усилия в этом направлении.

Итак, функция создания гармоничной атмосферы делает пословицы важным средством коммуникации в сфере международного сотрудничества. Проанализированные нами китайские пословицы, в публикациях российских СМИ также выполняют эту функцию. В результате можно говорить об эффективной коммуникации сторон в процессе международного диалога. Данная функция обусловлена уникальной гармоничностью китайской культуры.

Выводы по главе 2

Российский масс-медийный дискурс является пространством

актуализации китайских пословиц, репрезентирующим их метафорические и когнитивно-прагматические особенности. Яркость, точность, образность выражения китайских пословиц является фактором, способствующим интеграции пословиц в российскую культуру и русский язык.

Наибольшее количество употребления китайских пословиц зафиксировано в материалах информационных агентств «Рамблер», «Безформата. ru» и на сайтах газетах: «Российская газета», «Комсомольская правда», «Аргументы и факты», «Завтра», «Независимая газета».

Китайские пословицы в российском масс-медийном дискурсе употребляются не только в материалах, тематически соотнесенных с различными аспектами собственной китайской культуры, но и в публикациях широкой тематики, где уделяется внимание сотрудничеству КНР и России, объясняются явления и события как в России, так и в других странах.

Актуализация китайских пословиц в текстах российских электронных СМИ «китайской» тематики характеризуется особым представлением самой китайской культуры. Китайские пословицы служат средством объяснения традиций, норм, ценностей, жизненных установок китайцев и особенностей китайского мировоззрения.

В китайских пословицах широко употребляются следующие метафорические средства: анималистическая метафора, антропоцентрическая метафора, онтологическая метафора, ориентационная метафора, пространственная метафора.

Поскольку китайские пословицы метафоричны, российские журналисты пытаются посредством изменения их составных компонентов создать трансформированные формы, чтобы адаптировать их для российского читательского сообщества. Нами были выделены следующие способы введения китайских пословиц в российский масс-медийный дискурс: трансформации путем изменения лексического состава через замену одного или нескольких лексических компонентов, опущение лексических компонентов, добавление лексических компонентов. Кроме того, выявлена паремиологическая контаминация китайских пословиц через замену составной части и замену всей пословицы.

Замена, опущение и добавление компонентов пословицы обусловлены прагматикой российского масс-медийного дискурса, национально-культурными особенностями российской целевой аудитории, стремлением обеспечить нужное восприятие пословицы и всего дискурса.

Паремиологическая контаминация демонстрирует стремление адаптировать или «подогнать» китайскую пословицу к отражению текущей ситуации, описываемой в дискурсе, и / или сиюминутную импровизацию автора статьи.

Китайские пословицы в российском масс-медийном пространстве выполняют, по нашему мнению, следующие функции: привлечение внимания читателей, оценка события или явления, создание гармоничной атмосферы для коммуникации и эмоционально-экспрессивную функцию.

Функция китайских пословиц в российском масс-медийном дискурсе непосредственно зависит от темы, поэтому важно правильно классифицировать темы проанализированных статей. Одна и та же китайская пословица может выполнять несколько функций в зависимости от контекстов. Чаще всего совместно используется оценочная и эмоционально-экспрессивная функции.

Заключение

Исследование китайских пословиц, функционирующих в российском масс-медийном дискурсе, в настоящей работе выполнено с позиции интегрированной методологии, сочетающей когнитивный, дискурсивный, и прагматический подходы. Сопоставительное исследование включает выявление парадигматических и функциональных корреляций между китайскими паремиями и их русскоязычными репрезентациями при цитировании в российском масс-медийном дискурсе. Таким образом, междисциплинарная методология предоставила возможность изучать китайские паремии в их реальном употреблении в инокультурной и иноязычной среде.

Установлено, что исследование этнических пословиц в инокультурном и иноязычном дискурсе в первую очередь включает в себя обращение к этническому прототипу, к оригинальному высказыванию, выяснению его этимологии, уточнению содержания и ситуаций употребления. Выявлено, что устойчивые образования, названные в русскоязычном дискурсе китайскими пословицами, достаточно разнородны и включает в себя следующие типы китайских изречений: яньюй (пословицы), суюй (поговорки), сехоуюй (недоговорки-иносказания) и чэнъюй (идиомы, устойчивые выражения). Все названные типы китайских устойчивых изречений отражают менталитет китайского народа, его ценностные установки, традиции, являются хранилищем китайской культуры и многовекового опыта народа.

Определена методика анализа функционирования китайских пословиц в

· 136 ·

российском масс-медийном дискурсе, которая состоит из трех этапов: изучение способов передачи китайских пословиц в российском масс-медийном пространстве и установление типов их трансформаций; исследование когнитивно-метафорических характеристик китайских пословиц; анализ функций китайских пословиц в российском масс-медийном дискурсе.

Доказано, что функционирование китайских пословиц в российском масс-медийном дискурсе подтверждает широкий адаптационный потенциал китайских пословиц и служит объективным свидетельством межкультурного, межъязыкового и когнитивного взаимодействия в российском масс-медийном пространстве. Значимость изучения пословичных смыслов в масс-медийном дискурсе в том, что он способен оказать воздействие на общественное мнение, создать определенную атмосферу, повлиять на сознание народа. Российский масс-медийный дискурс является регулярным источником массового распространения иноязычных и инокультурных феноменов, в их числе — китайские пословицы и поговорки.

В работе показано, что китайские пословицы в российском масс-медийном пространстве служат способом передачи информации не только о Китае и используются не только в «китайском» контексте. Подавляющее большинство (более 95%) случаев употребления относится к материалам более широкой тематики: политика, общество, культура, экономика, спорт, образование и др. Отмечено, что китайская пословичная система не является закрытой, ее прагматический потенциал в российском дискурсе в основном направлен на подтверждение российских культурных ценностей.

Установлено, что китайская пословичная система обладает высокой адаптивностью к иной культуре, а также к разнообразным конкретным темам и ситуациям в рамках данной культуры. В зависимости от ситуации одна и та же китайская пословица может употребляться в различных по теме медийных контекстах (千里之行始于足下 — *путь в тысячу ли начинается с одного шага* употребляется как в области экономики, так и в областях политики и образования).

Сопоставление оригинальных китайских пословиц и их репрезентентов в российском дискурсе позволило актуализировать их аксиологические аспекты, представления коллектива о том, что для него значимо, что является идеалом. При этом в используемых китайских пословицах отражены такие уникальные китайские ценностные концепты, как *инь* и *ян* и концепт *гармонии*.

На глубинном когнитивном уровне китайские пословицы дают доступ к китайской культуре, формируют у россиян особое понимание китайского менталитета. Некоторые даосские и конфуцианские изречения вместе с философскими концептами вошли в российскую культуру. Отметим также некоторые медицинские понятия, например 寒 (холод), 五行 (*у син* — пять элементов или пять стихий), 气 (*ци*), 形 (*син* — образ), 神 (*шэнь* — душа).

Актуализированные китайские пословицы в российских масс-медийных текстах характеризуются метафоричными чертами. В исследованном материале были выявлены следующие типы метафор: анималистическая (一山不容二虎 — *на одной горе двум тиграм не жить*), антропоцентрическая (王婆卖瓜，自卖自夸 — *продавец тыкв никогда не говорит, что тыква горькая*), онтологическая (小斧砍大树 — *маленьким топором можно свалить большое дерево*), пространственная (千里之行始于足下 — *путь в тысячу ли начинается с одного шага*), ориентационная метафора (上有天堂，下有苏杭 — *на небесах есть рай, а на земле Ханчжоу и Сучжоу*). С помощью образов человека, животных, растений и других онтологических предметов китайские пословицы передают глубокое культурное содержание и выразительность. Использование пословиц, содержащих несколько образов, усиливает воздействие на читателей.

Выявлены основные способы трансформаций китайских пословиц в российском масс-медийном дискурсе. Возникновение и использование трансформированных пословиц в языке российской прессы связано с ситуативным разнообразием освещаемых тем, с адаптацией пословицы к российскому культурному и языковому контексту, а также, возможно, с недостаточным знанием китайской культуры, с кросс-культурной интерференцией или смешением культур.

В настоящем исследовании основные виды трансформаций выявлялись на лексическом уровне, лексико-семантическом и структурно-семантическом уровнях. В ходе проведенного анализа текстов российского масс-медийного дискурса нами были выделены следующие виды лексико-семантических трансформаций (распределены по частотности): 1) замена отдельных лексических компонентов пословицы (一白遮百丑 — *Капля белого затмит 100 оттенков серости*); 2) добавление лексических компонентов (千里之行, 始于足下 — *Дорога в десять тысяч ли начинается с первого шага*); 3) опущение лексических компонентов (不登高山,不知天高 — *Не поднимешься на гору, не узнаешь высоты неба*).

Выявлено явление паремиологической контаминации китайских пословиц, отразившееся в замене составной части пословицы (不出于户, 以知天下;不窥于牖, 以知天道 (*Не выходя со двора, мудрец познает мир. Не выглядывая из окна, он видит естественное Дао → Мудрый познает жизнь не выходя со своего двора, а дуракам надо путешествовать*) и полной замене пословицы (鹬蚌相争,渔翁得利 *Птица-рыболов и устрица вцепились друг в друга, а выгода досталась рыбаку → В схватке тигра и дракона побеждает обезьяна*).

Определена расширительная трактовка феномена *паремиологическая контаминация*. Паремиологическая контаминация вызвана скрещиванием пословиц между собой (в том числе скрещиваем китайской и русской пословиц) или скрещиваем пословицы с другими языковыми единицами. Такое скрещивание всегда проявляется в измененной форме пословицы и в ее измененном содержании. В содержательном плане контаминация может затрагивать *понятийный*, *аксиологический* или *образный* уровни, а также несколько уровней одновременно. Контаминация ведет к образованию новых, но узнаваемых в обществе языковых единиц, поскольку они содержат аллюзии на известные пословицы. Благодаря аллюзиям, происходит ментальное соотнесение нового языкового образования с исходной пословицей.

Трансформация лексических компонентов в китайских пословицах, с одной стороны, обусловлена прагматикой российского масс-медийного дискурса, национальными-культурными особенностями российской целевой аудитории, стремлением обеспечить нужное восприятие пословицы и всего дискурса. С другой стороны, замена, опущение, добавление компонентов пословицы опираются на знакомство с китайской культурой, понимание российской читательской аудиторией творческой составляющей этого типа дискурса.

Создание единой многоуровневой классификации трансформаций китайских пословиц осложнено структурными различиями между языками, а также различиями между китайской и русской культурами. Одна и та же китайская пословица может подвергаться разным способам трансформации в медийных текстах различной тематики. Трансформации китайских пословиц создают их вторичную вариативность, т. е. вариативность в иной (российской) культуре, в отличие от первичной вариативности, которую китайские пословицы имеют в родной культуре.

Отличительной характеристикой функционирования китайских пословиц является использование специальных вводных словосочетаний («в Китае есть пословица», «по китайской поговорке», «как говорил Конфуций», «китайская мудрость гласит, что …»). Отметим, что эти вводные фразы стали важной стилистической особенностью функционирования китайских пословиц в российском масс-медийном пространстве. Успех китайских пословиц связан с тем, что зачастую образ Китая ассоциируется с концептами мудрости, морали, истинных ценностей. Китайская цивилизация, история которой насчитывает свыше пяти тысячелетий, по праву считается одной из древнейших, что обусловливает восприятие пословиц и поговорок этой страны как надежных средств аргументации.

Место включения китайских пословиц в медиатекст вариативно: они могут появиться в заголовках и подзаголовках, в начале, середине и конце текста.

Китайские пословицы выполняют в публицистическом тексте не только общеязыковые функции (коммуникативную, когнитивную и аккумулятивную), но и ряд специальных функций. Определено, что пословицы служат средством привлечения внимания читательской аудитории. Как правило, данная функция связана с их расположением в тексте. В заголовке статьи функция привлечения внимания пословицы заключается в том, что данная пословица заинтересует читателей и вызовет вопрос, ответы на которые он найдет в дальнейшем тексте. Однако и в этой позиции пословицы подвергаются трансформации (明枪易躲，暗箭难防 — *Виталий Петров получил удар из-за угла*).

Обладая метафорическими характеристиками, китайские пословицы выполняют эмоционально-экспрессивную функцию, что усиливает аргументацию. Такие средства выразительности, как преувеличение, противопоставление, сравнение, персонификация и т. п., могут пробудить воображение читательской аудитории, оживить текст, сделать его более понятным для российского адресата (人怕出名猪怕壮 — *первой забивают свинью жирную, а человека — неординарного*).

Оценочность, присущая пословицам, также реализуется при использовании китайских пословиц в российских текстах масс-медиа. Оценочная функция указанных единиц является одной из основных.

Определено, что китайские пословицы могут использоваться для передачи как отрицательной, так и положительной оценки. Как правило, положительная оценка актуализируется лексемами с семантикой пользы, добра, похвалы, одобрения. Отрицательная оценка может быть представлена лексикой с отрицательной окраской (*Не говорить приятных слов*).

Положительная оценка, присущая исходному варианту китайской пословицы, может по условиям контекста получать отрицательную окраску. Оценочная функция китайских пословиц проявляется утверждением автора о своем понимании ситуации и нередко сочетается с регулятивной функцией совета, уговора или запрета, убеждения. Употребление китайских пословиц с оценочной функцией обусловлено, прежде всего, прагматическими целями авторов, особенностями восприятия российского коммуникативного сообщества, наличием определенных универсальных человеческих оценок у представителей разных культур.

Использование китайских пословиц также может создавать гармоничную атмосферу между говорящим и слушателем. Это улучшает отношения между собеседниками, а в условиях межкультурной коммуникации способствует активизации международного сотрудничества.

В российском масс-медийном дискурсе китайские пословицы являются способом преодоления различий между культурами. Уникальные метафорические образы и функции делают китайские пословицы популярными и успешными в российских дискурсах. Китайские пословицы стали аргументированной истиной в чужом коммуникативном пространстве.

Таким образом, проведенное исследование обозначило перспективу дальнейшей работы над проблемами когнитивного, лингво-прагматического анализа пословиц. Во-первых, данная перспектива видится в сопоставительном рассмотрении китайских пословиц на медийном материале других языков мира. Во-вторых, представленная методика может быть использована для изучения функционирования пословиц других языков в российском масс-медийном пространстве.

Список литературы

［1］Абакумова О Б. Пословица в дискурсе СМИ ［J］. Жыццём i словам прысягаючы...: да 90 – годдзя заслуж. работнiка адукацыi Рэсп. Беларусь, д-ра фiлал. навук, праф. Мiхася Яўгенавiча Цiкоцкага: зб. навук. прац. Мiнск: Адукацыя i выхаванне, 2012:32 – 37.

［2］Абакумова О Б. Пословица в медийном дискурсе ［J］. Вестник Томского государственного университета, 2010(330): 7 – 10.

［3］Абакумова О Б. Пословичный сценарий и коммуникативная стратегия. Язык и культура ［M］. М.: Изд-во Института иностранных языков, 2010.

［4］Абакумова О Б. Прагматические функции пословиц в тексте/ дискурсе (на материале имитации бытового диалога в художественном фильме и художественном тексте ［J］. Вестник Новгородского государственного университета, 2014(77):7 – 9.

［5］Абрамова Е С. Массмедийный дискурс: сущность и особенности ［J］. Филологические науки. Вопросы теории и практики, 2014, 12(1): 16 – 19.

［6］Азылбекова Г О. Семантико-прагматические особенности утилитарной оценки (на материале русского и немецкого языков) ［D］. Тобольск, 2011.

［7］Александрова О Д, Будагова Д А. Китайские и русские пословицы в сопоставительном аспекте ［C］. М.: Ред. -изд. Центр, 2014.

［8］Алефиренко Н Ф, Семененко Н Н. Фразеология и паремиология ［M］. М.: Флинта, 2009.

［9］Алефиренко Н Ф. Когнитивно-дискурсивная парадигма языкового знака［J］. Язык. Текст. Дискурс: научный альманах. Ставрополь: Ставропольский гос. пед. ин-т, 2009: 7 – 17.

［10］Алефиренко Н Ф. Когнитивно-прагматическая субпарадигма науки о языке［C］//Паршина И Г, Озерова Е Г. Когнитивно-прагматические векторы современного языкознания. М. : Флинта, 2014:16 – 27.

［11］Алефиренко Н Ф. Когнитивно-прагматический дискурс русских пословиц: постановка проблемы［C］//Оломоуцкие дни русистов: тр. XIX междунар. науч. конф. Оломоуц, 2008:325 – 329.

［12］Алефиренко Н Ф. Речевой жанр, дискурс, культура［J］. Жанры речи, 2007(5): 44 – 55.

［13］Альмишева А А. Коммуникативная общезначимость пословиц и поговорок газетного текста［J］. Вестник КазНу. Серия филологическая, 2011(2): 42 – 46.

［14］Ани Рахмат. Концепт семья в русской паремике: лингвокультурологический аспект: автореф［D］. Санкт-Петербург, 2013.

［15］Аникин В П. Теория фольклора: курс лекций［M］. М. : Кн. дом Ун-т, 2007.

［16］Антонова О Н. Паремии как средство функциональной модификации англоязычного публицистического дискурса［J］. Вопросы прикладной лингвистики, 2012(8): 3 – 10.

［17］Антонова О Н. Функциональные свойства паремий-трансформов в англоязычном публицистическом дискурсе［D］. М. , 2012.

［18］Арутюнова Н Д. Истина: фон и коннотация［C］//Логический анализ языка: Культурные концепты. М. : Наука, 1991:21 – 30.

［19］Арутюнова Н Д. Теория метафоры［M］. М. : Пресс, 1990.

［20］Арутюнова Н Д. Предложение и его смысл［M］. М. : Наука, 1976.

［21］Арутюнова Н Д. Язык и мир человека［M］. М. : Языки русской культуры,1998.

［22］Архангельский В Л. Устойчивые фразы в современном русском языке. Основы теории устойчивых фраз и проблемы общей фразеологии ［M］. Ростов-на-дону: Изд-во Рост. ун-та, 1964.

［23］Атаманова Е А, Тихонова Е В. Образы героев китайских мифов в китайских недоговорках ［C］. Томск: Изд-во Томского ун-та, 2014: 69 – 71.

［24］Ахмадуллина И В. Фразеосемантическое пространство китайских пословиц с лексемой 吃 ［J］. Вестник ВГУ. Серия: лингвистика и межкультурная коммуникация, 2007, 2（2）: 43 – 46.

［25］Ахманова О С. Словарь лингвистических терминов ［M］. М.: Советская энциклопедия, 1966.

［26］Аюпова Р А. Семантическое поле «любовь и ненависть» в русской и английской фразеологии Т. 2 ［C］. Казань: Изд-во Казан. ун-та, 2003: 121 – 123.

［27］Бабкин А М. Русская фразеология, ее развитие, источники ［M］. Л.: Наука, 1970.

［28］Бабушкин А П. Типы концептов в лексико-фразеологической семантике языка, их личностная и национальная специфика ［D］. Воронеж, 1996.

［29］Бабушкина Е А. Культурологический аспект английских пословиц и поговорок ［J］. Вісник Запорізького державного університету. Філологічні науки, 1999(1): 9 – 14.

［30］Бакирова М Л. Понятие оценки в пословицах татарского и английского языков ［J］. Лингвистика и межкультурная коммуникация, 2009 (1): 137 – 139.

［31］Барли Н. Структурный подход к пословице и максиме ［M］// Паремиологические исследования. М.: Наука, 1984.

［32］Бархударова А С, и др. Пословицы и поговорки Северной Индии ［M］. СПб.: Петербургское Востоковедение, 1998.

［33］Бегак Б. Пословица не мимо молвится ［J］. Дошкольное воспитание, 1985(9): 54 – 56.

［34］Беляева И В. Прагматика интеллектуальной оценки ［J］. Лингвистика и межкультурная коммуникация, 2008(4)：163 – 167.

［35］Биктагирова З А. Когнитивные характеристики пословиц ［J/OL］. ［2019-11-21］. http://elar. rsvpu. ru/bitstream/123456789/13118/1/lingvo_2006_06. pdf.

［36］Болдырев Н Н. Концептуальные структуры и языковые значения ［С］. Тамбов：Изд-во Тамб. гос. ун-та им. Г. Р. Державина, 1999：62 – 68.

［37］Браташова Э В, Луханина А Н. Чэнъюй и идиомы — один из видов фразеологии в китайском и английском языках ［С］. Белгород：Изд-во Белгород. гос. нац. исследов. ун-та. ：429 – 432.

［38］Будаев Э В. Когнитивно-дискурсивный анализ метафоры в политической коммуникации ［J］. Политическая лингвистика, 2008 (3)：37 – 48.

［39］Будаев Э В. Постсоветская действительность в метафорах российской и британской прессы ［С］. Нижний Тагил：Нижнетагильская гос. социально-педагогическая академия, 2007.

［40］Будаев Э В, Чудинов А П. Метафора в педагогическом дискурсе：современные зарубежные исследования ［J］. Политическая лингвистика, 2007(21)：69 – 75.

［41］Бунеева Н Л. Прагматические аспекты пословиц английского языка ［D］. М. ,2001.

［42］Буслаев Ф И. Исторические очерки русской народной и искусства. Т. 1 ［М］. СПб. ：Общественная польза, 1861.

［43］Бутенко А П, Колесниченко Ю В. Менталитет россиян и евразийство：их сущность и общественно-политический смысл ［J］. Социологические исследования,1996(5)：92 – 102.

［44］Бутранец В К. Факторы, оказывающие влияние на менталитет белорусской нации ［С］. Минск：Колоргград, 2016：49 – 52.

［45］Вальтер Х, Мокиенко В М. Антипословицы русского народа ［М］. СПб. ：Нева, 2005.

［46］Ван Яцюн. Лингвокультурологический анализ концептов «добро» и «зло» в русских поговорках и пословицах ［D］. Сиань, 2016.

［47］Василевич А П. Источники данных о национальном характере ［C］// Язык и культура. М. : Изд-во Института иностранных языков, 2010.

［48］Васильев Л М. Теория и методология современного языкознания: принципы знаковости и формальности языка［M］. Уфа, 1962.

［49］Введенская А А. Китайские пословицы, поговорки ［M］. Ростов: кн. изд-во, 1959.

［50］Вежбицкая А. Понимание культур через посредство ключевых слов ［M］. М. : Языки славянской культуры, 2001.

［51］Велиханова Н Ф. Историко-психологические аспекты русского менталитета ［C］. Минск: Колорград, 2016: 52 – 57.

［52］Веретягин Н Ю. Отражение особенностей национального менталитета в русских и английских пословицах ［J］. Modern problems and ways of their solution in science, transport, production and education, 2012: 1 – 9.

［53］Верещагин Е М, Костомаров В Г. Язык и культура. Три лингвистические концепции: лексического фона, рече-поведенческих тактик и сапиентемы ［M］. М. : Индрик, 2005.

［54］Вильгельм фон Гумбольдт. Язык и философия культуры ［M］. М. : Прогресс, 1985.

［55］Влавацкая М В, Зайкина З М. Комбинаторная паремиология как область изучения новых паремий ［J］. Филологические науки. Вопросы теории и практики, 2018, 11(1): 88 – 92.

［56］Войцехович И В. Практическая фразеология современного китайского языка ［M］. М. : Восток-Запад, 2007.

［57］Воронина У А, Гудкова О А. К вопросу о типах трансформаций: контаминация немецких паремий ［J］. Актуальные вопросы современной филологии и журналистики, 2018(1): 22 – 28.

［58］Гавриленко О В, Николаева О В. Интеграция китайских паремий в российское коммуникативное пространство ［J］. Вестник МГОУ, 2013(2):

1 – 11.

［59］Галкина Е А. Стереотип как лингвокультурный концепт ［J］. Теория языка и межкультурная коммуникация, 2008(1): 20 – 24.

［60］Галкина-Федорук Е М. Об экспрессивности и эмоциональности в языке ［M］// Сборник статей по языкознанию. М.: Наука, 1958.

［61］Гапутина В А. Медиадискурс моды как гибридный тип дискурса ［J］. Наука через призму времени, 2017(9): 192 – 196.

［62］Гердер И Г. Идеи к философии истории человечества ［M］. М.: Наука, 1977.

［63］Глазунова И И. Мудрость народная в пословицах у немцев, русских, французов и других одноплеменных им народов ［M］. СПб., 1868.

［64］Головин Б Н. Введение в языкознание ［M］. М.: Высшая школа, 1973.

［65］Григорьева В С. Дискурс как элемент коммуникативного процесса: прагмалингвистический и когнитивный аспекты ［M］. Тамбов: Изд-во Тамбовского гос. техн. ун-та, 2007.

［66］Груздева В А. Пословицы и поговорки о дружбе как критерий оценки стереотипных представлений о национальных характерах русских и итальянцев ［J］. Вестник ТвГУ. Серия «Филология», 2015(2): 93 – 98.

［67］Гуревич А Я, Вовель М, Рожанский М. Ментальность 50/50. Опыт словаря нового мышления ［M］. М.: Прогресс, 1989.

［68］Гуревич П С. Культурология ［M］. М.: Проект, 2003.

［69］Гусейнова Т С. Трансформация фразеологических единиц как способ реализации газетной экспрессии ［J］. Известия Дагестанского государственного педагогического университета. Серия «Общественные и гуманитарные науки», 1997.

［70］Даль В И. Пословицы и поговорки русского народа ［M/OL］. ［2019-11-12］. http://www. 100bestbooks. ru/files/Dal_Poslovicy_i_pogovorki_russkogo_naroda. pdf.

［71］Даль В И. Толковый словарь живого великорусского язык ［M］.

СПб. ; М. : Издание книгопродавца-типографа М. О. Вольфа, 1882.

［72］Данилова С А. Типология дискурса. Гуманитарные, социально-экономические и общественные науки［J］. Филологические науки, 2015(1)：45 – 349.

［73］Демьянков В З. Текст и дискурс как термины и как слова обыденного языка［J］. Вопросы филологии, 2007：86 – 95.

［74］Диброва Е И. Вариантность фразеологических единиц в современном русском языке［M］. Ростов-на-Дону：Изд-во Ростов. ун-та, 1979.

［75］Дивак В В. Украинский менталитет и его особенности［C］. Минск：Колоргград, 2016：58 – 62.

［76］Большой энциклопедический словарь «Языкознание»［M］. М. : Большая Российская энциклопедия, 1998.

［77］Добровольский Д О. К проблеме фразеологических универсалий［J］. Филологические науки, 1991(2)：95 – 103.

［78］Добросклонская Т Г. Новостной дискурс как объект медиалингвистического анализа［C］. Белгород：ИД «Белгород» НИУ «БелГУ», 2016：13 – 22.

［79］Добросконская Т Г. Медиалингвистика：системный подход к изучению языка СМИ［M］. М. , 2008.

［80］Ду Юймэй, Ревенко И В. Пословицы о дружбе в русском и китайском языках［J］. Язык и социальная динамика, 2013(13-2)：21 – 23.

［81］Дубровская О Г. Русские и английские пословицы как лингвокультурологические единицы［M］. Тюмень：Изд-во Тюменского гос. ун-та, 2002.

［82］Есюнина А А. Особенности менталитета русской нации［J］. Международный студенческий вестник, 2012：1 – 4.

［83］Ефремова Т Ф. Новый словарь русского языка. Толково-словообразовательный［M］. М. : Русский язык, 2000.

［84］Жигарина Е Е. Современное бытование пословиц：вариативность и полифункциональность текстов [D]. М., 2006.

[85] Жигулев А М. Русские пословицы и поговорки [M]. М.: Наука, 1969.

[86] Жуков В П. Словарь русских пословиц и поговорок [M]. М.: Русский язык, 2000.

[87] Журавлева Я А. Стилистическое использование китайских идиоматических выражений (чэнъюй) в тексте рекламы [J]. Известия Восточного института, 2003(7): 101 – 106.

[88] Зайцева К А, Захарова С А. Сехоуюй как часть китайской культуры [J]. Вестник научного общества студентов, аспирантов и молодых ученых, 2014(1): 125 – 128.

[89] Залевская А А. Динамика общенаучных подходов к проблеме знания и некоторые задачи психолингвистических исследований [J]. Вопросы психолингвистики, 2007(5): 4 – 13.

[90] Иванова Е В. Мир в английских и русских пословицах [M]. М.: Филологический факультет СПбГУ: Изд-во Санкт-Петербургского ун-та, 2006.

[91] Ильин Е П. Эмоции и чувства [M]. СПб.: Питер, 2001.

[92] Казакова О М. Особенности национального менталитета в русских и английских пословиц [C]. Барнаул: Изд-во Алтайский гос. ун-та, 2009: 237 – 244.

[93] Казеннова О А. Функционирование фразеологизмов в устном дискурсе (на материале спортивных репортажей) [D]. М.,2009.

[94] Карасик В И. Введение в когнитивную лингвистику [M]. Кемерово: Кузбассвузиздат, 2004.

[95] Карасик В И. Язык социального статуса [M]. М.: Гнозис, 2002.

[96] Карасик В И. Языковой круг: личность, концепты, дискурс [M]. Волгоград: Перемена, 2002.

[97] Карасик В И, Стернин И А. Антология концептов [M]. Волгоград: Парадигма, 2005.

［98］Кашкин В Б. Сопоставительные исследования дискурса ［M］. Концептуальное пространство языка. Тамбов: ТГУ, 2005.

［99］Каюмова Д Ф. Сравнительная когнитивная лингвистика: Краткий конспект лекций ［M］. Казань: Каз. федер. ун-т, 2013.

［100］Кибрик А А. Анализ дискурса в когнитивной перспективе ［D］. М. , 2003.

［101］Кибрик А А. Когнитивные исследования по дискурсу ［J］. Вопросы языкознания, 1994(5): 126 – 139.

［102］Кирсанова М А. Антипословицы с гендерным компонентом в современном английском языке ［J］. Наука и школа, 2014(1): 91 – 95.

［103］Клименова Ю И. Интегративный подход к исследованию метафоры ［J］. Известия Российского государственного педагогического университета им. А. И. Герцена, 2009(96): 201 – 205.

［104］Клушина Н И. Стилистика публицистического текста ［M］. М. : МГУ, 2008.

［105］Кожевников И Р. Словарь привычных выражений современного китайского языка ［M］. М. : Восток-Запад, 2005.

［106］Конецкая В П. Социология коммуникаций ［M］. М. : Международный университет бизнеса и управления, 1997.

［107］Коновалова Н И, Ян Кэ. Метафорический параллелизм в русских и китайских паремиях ［J］. Уральский филологический вестник, 2012(3): 212 – 217.

［108］Константинова А А. Когнитивно-дискурсивные функции англо-американских паремий в дискурсе актовых речей ［J］. Известия Тульского государственного университета. Гуманитарные науки, 2011(3-2): 384 – 393.

［109］Константинова А А. Окказиональная трансформация англо-американских паремий в свете когнитивно-дискурсивного подхода в лингвистике ［J］. Вестник Томского государственного университета, 2011 (348): 24 – 28.

［110］Корнилов О А. Жемчужины китайской фразеологии ［M］. М. :

Черо, 2005.

[111] Косов А В. Ментальность как мировоззренческая система и компонента мифосознания [J]. Методология и история психологии, 2007 (3): 75 – 90.

[112] Котельникова Н Н. Структурно-грамматические особенности китайских четырехморфемных фразеологизмов чэнъюй [J]. Известия ВГПУ. Филологические науки, 2016(8): 160 – 166.

[113] Кохан И Н. Китайские пословицы как средство передачи национального менталитета в китайских СМИ на английском языке [J]. Международный научно-исследовательский журнал, 2017(10-1): 80 – 83.

[114] Кохан И Н. О когнитивной роли паремий в китайских СМИ на английском языке [J]. Филологические науки. Вопросы теории и практики, 2018(4-1):123 – 126.

[115] Крикманн А А. Некоторые аспекты семантической неопределенности пословицы [С]// Паремиологический сборник: пословица, загадка (структура, смысл, текст). М.: Наука, 1978.

[116] Крылова Э О. Семантические осмысление и структурная организация пословиц о труде в русском, английском и татарском языках [J]. Международный журнал экспериментального образования, 2014(6): 37 – 38.

[117] Кубрякова Е С. В поисках сущности языка [J]. Вопросы когнитивной лингвистики, 2009(1): 5 – 13.

[118] Кубрякова Е С. Слово в дискурсе (новые подходы к его анализу) [С]. Рязань, 2002: 7 – 11.

[119] Кубрякова Е С. Язык и сознание: на пути получения знаний о языке: Части речи с когнитивной точки зрения. Роль языка в познании мира [М]. М.: Языки славянской культуры, 2004.

[120] Кузнецов С А. Большой толковый словарь русского языка [М]. СПб.: Норинт, 1998.

[121] Кунин А В. Фразеологизмы современного английского языка

〔М〕. М. : Международные отношения, 1972.

〔122〕Кухарева Е В. Арабские пословицы как отражение национального менталитета 〔М〕. М. : МГИМО-Университет, 2010.

〔123〕Лакофф Дж. , Джонсон М. Метафоры, которыми мы живем 〔М〕. М. : Едиториал УРСС, 2004.

〔124〕Лафта Аднан Хабиб, Листрова-Правда Ю Т. Национально-культурное своеобразие русских пословиц с названиями животных 〔J〕. Вестник ВГУ. Серия: Филология. Журналистика, 2009(2): 111–113.

〔125〕Лемешко Ю Г, Белоглазова М М. Национально-культурная маркированность китайских недоговорок-иносказании 〔J〕. Вестник АмГУ. Проблемы перевода, 2009(46): 97–98.

〔126〕Ли Цианьхуа, Смирнов И Б. Концепт «счастье» в китайских пословицах и поговорках 〔J〕. Вестник Ленинградского государственного университета им. А. С. Пушкина, 2013: 175–185.

〔127〕Линь Лю. Китайский фразеологизм — 成语 (чэнъюй) 〔J〕. Вестник КРСУ, 2012(8): 157–159.

〔128〕Литвинов П П. Англо-русский фразеологический словарь с тематической классификацией 〔М〕. М. : Яхонт, 2000.

〔129〕Макаров М Л. Интерпретативный анализ дискурса в малой группе 〔М〕. Тверь: Изд-во Тверского ун-та, 1998.

〔130〕Малышева Е А. Характерные черты китайского национального характера в зеркале чэнъюй 〔D〕. Благовещенск: Изд-во БГПУ, 2017.

〔131〕Маргулис А, Холодная А. Русско-английский словарь пословиц и поговорок / Russian-English dictionary of proverbs and sayings 〔М〕. North Carolina and London: McFarland and Company, Inc. , Publishers Jefferson, 2000.

〔132〕Марузо Ж. Словарь лингвистических терминов 〔М〕. М. : Изд-во иностранной литературы, 1960.

〔133〕Маслова В А. Когнитивная лингвистика 〔М〕. Мн. : ТетраСистемс, 2004.

〔134〕Машина О Ю. Функциональная роль пословиц в художественном тексте (на материале романа М. А. Шолохова «Тихий Дон» [J]. Вестник Новгородского государственного университета, 2014(77): 185 – 187.

[135] Метлина К В. Перевод пословиц и поговорок: лингвокогнитивный аспект (на материале английского и русского языков) [J]. Культура народов Причерноморья, 2012(223): 132 – 133.

[136] Мирзаян В П. Пословицы и поговорки, репрезентирующие концепт «дружба» в английском и русском языках. Modern problems and ways of their solution in science, transport, production and education [J/OL]. https://www. sworld. com. ua/konfer29/661. pdf.

[137] Митина О С, Петренко В Ф. Психосемантическое исследование политического менталитета [J/OL]. http://ecsocman. hse. ru/data/417/176/1217/005Viktor_PETRENKO. pdf.

[138] Моисеева И Ю, Чудина Е В. Прагматические пословицы и поговорок [J]. Вестник Оренбургского государственного университета, 2004 (11): 170 – 172.

[139] Молотков Н М. Основы фразеологии русского языка [M]. Л.: Наука, 1977.

[140] Наймушина Т А. Пословицы и поговорки в художественном тексте [D]. Л., 1984.

[141] Натхо О И. Паремии в англоязычном научно-популярном деловом дискурсе [D]. Пятигорск, 2017.

[142] Негматова М М. О пословицах и поговорках [J]. Вестник Таджикского государственного университета права, бизнеса и политики, 2010(44): 155 – 159.

[143] Николаев В Г. Концепции национального характера [C]// Культурология. XX век. Энциклопедия. СПб.: Университетская книга, 1998: 74.

[144] Николаева О В. Интеркогнитивные взаимодействия в межкультурной коммуникации [J]. Филологические науки. Вопросы теории и практики, 2014(11-2): 132 – 136.

〔145〕Николаева О В. Китайские пословицы и поговорки как элементы высококонтекстной коммуникации в англоязычных СМИ Китая〔J〕. Вестник Московского государственного областного университета. Серия: Лингвистика, 2018(6): 101 – 109.

〔146〕Николаева О В. Теория взаимодействия концептуальных картин мира: языковая актуализация (на материале новозеландского варианта английского языка и языка маори)〔D〕. М., 2011.

〔147〕Николаева О В, Чэнь Шумей, Панина М Е. Кросс-культурная паремиология: китайские пословицы и поговорки в англоязычных китайских СМИ〔J〕. Сибирский филологический журнал, 2017(3): 233 – 247.

〔148〕Николаева О В, Яковлева Е А. Китайские паремии в информационно-публицистическом дискурсе Дальнего Востока России: когнитивно-прагматические аспекты〔J〕. Вестник Томского государственного педагогического университета, 2018(8): 21 – 27.

〔149〕Никтовенко Е Ю. Структурное многообразие паремий и их лингвистический статус〔J〕. Вестник Майкопского государственного технологического университета, 2013(1): 22 – 26.

〔150〕Ничипорчик Е В. Здоровье как ценность в паремиологической картине мира (на материале русских и итальянских пословиц и поговорок)〔J〕. Проблемы истории, филологии, культуры, 2012(3): 218 – 231.

〔151〕Норман Б Ю. Когнитивные аспекты паремиологии и национальная картина мира в славянских языках〔J〕. Славянский вестник, 2004(2): 246 – 256.

〔152〕Ожегов С И. Толковый словарь русского языка〔M/OL〕. https://slovarozhegova.ru.

〔153〕Ойноткинова Н Р. Алтай кен ле укаа сöстöр. Алтайские пословицы и поговорки〔M〕. Новосибирск: Институт филологии СО РАН, 2010.

〔154〕Ошева Е. Паремиологическое пространство: дискуссионные вопросы〔J〕. Исследовательский журнал русского языка и литературы, 2013

（1）：75 – 88.

［155］Пермяков Г А. Поговорки до сказки（заметки по общей теории клише）［M］. M. : Главная редакция восточной литературы изд-ва «Наука», 1970.

［156］Пермяков Г Л. Основы структурной паремиологии［M］. M. : Наука, 1988.

［157］Пестрикова И Е. Понятие менталитета: к вопросу о разработке проблемы［J］. Омский научный вестник, 2007（6）: 39 – 42.

［158］Пеше М. Прописные истины. Лингвистика, семантика, философия［C］// Квадратура смысла: Французская школа анализа дискурса. M. : Прогресс, 1999.

［159］Полонский А В. Дискурс: корневой феномен культуры и социальной коммуникации［C］. Белгород: НИУ БелГУ, 2011:160 – 179.

［160］Полонский А В. Лингвистический анализ текста［M］. Белгород: БелГУ, 2007.

［161］Попова 3 Д, Стернин И А. Семантико-когнитивный анализ языка［M］. Воронеж: Истоки, 2007.

［162］Потапова Н А. Анализ понятий «пословица» и «поговорка» в современной лингвистике［J］. Мир науки, культуры, образования, 2016（6）: 359 – 361.

［163］Потебня А А. Слово и миф［M］. M. : Правда, 1989.

［164］Почепцов Г Г. Теория коммуникации［M］. M. : Рефл-бук, 2003.

［165］Приходько А Н. Когнитивно-коммуникативная типология дискурсов［C/OL］// Вюник Кшвського нащонального лшгвютичного ушверситету Збiрник наукових праць. 2009. http://www. stationline. org. ua/ filologiya/87/15787-kognitivno-kommunikativnaya-tipologiya-diskursov. html.

［166］Прохоров Ю Е. Действительность. Текст. Дискурс［M］. M. : Флинта, 2006.

［167］Прядохин М Г. Китайские недоговорки-иносказания［M］. M. : Наука, 1977.

［168］Рахилина Е В. Когнитивная семантика: история. персоналии. идеи. Результаты［J/OL］. 2000. http://lpcs. math. msu. su/ ~ uspensky/journals/siio/36/36RAKHILIN. pdf.

［169］Ревзина О. Язык и дискурс［J］. Вестник Моск. гос. ун-та. Серия 9. Филология, 1999(1): 25 – 33.

［170］Решетнова У Н. Этнопоэтика китайских пословиц и поговорок［D］. Челябинск, 2006.

［171］Розенталь Д Э, Теленкова М А. Словарь-справочник лингвистических терминов［M］. М.: Просвещение, 1976.

［172］Русакова О Ф, Спасский А Е. Современные теории дискурса: мультидисциплинарный анализ. Серия: дискурсология ［M］. Екатеринбург, 2006.

［173］Рыбникова М А. Русские пословицы и поговорки［M］. М.: Изд-во Академии наук СССР, 1961.

［174］Семененко Н Н. Когнитивно-прагматическая парадигма паремической семантики (на материале русского языка)［M］. Белгород, 2012.

［175］Семененко Н Н. Когнитивный субстрат паремий в фокусе задач моделирования паремической семантики［J］. Вестник Вятского государственного университета, 2017(2): 46 – 52.

［176］Семененко Н Н. Парадигматические свойства и иерархическая структура паремий в когнитивно-прагматическом аспекте［J］. Вестник Адыгейского государственного университета. Серия 2: филология и искусствоведение, 2010(4): 158 – 164.

［177］Сергиенко О С. Вариантность чешких и словацких пословиц［D］. СПб., 2010.

［178］Серио П. Как читают тексты во Франции［C］// Квадратура смысла. Французская школа анализа дискурса. М.: Прогресс, 1999.

［179］Слипченко О. Специфика нормы и узуса китайских идиом чэнъюй ［J/OL］. http://sinologist. com. ua/wp-content/uploads/2016/03/% D0% A1%

D0% BB% D1% 96% D0% BF% D1% 87% D0% B5% D0% BD% D0% BA% D0% BE-1. pdf.

[180] Смирнова Д С. Прагматические аспекты пословиц в немецкой прессе [J]. Огарев-Online, 2015(8): 1 – 5.

[181] Снегирев И М. Русские народные пословицы и притчи [M]. М.: Институт русской цивилизации, 2014.

[182] Солганик Г Я. К определению понятий «текст» и «медиатекст» [J]. Вестник Московского университета. Серия 10. Журналистика, 2005 (2): 7 – 15.

[183] Солганик Г Я. О структуре и важнейших параметрах публицистической речи (языка СМИ) [C]. М.: Флинта, 2005: 13 – 30.

[184] Степанов Ю С. Альтернативный мир, Дискурс, Факт и принцип Причинности [C]. М.: РГГУ. 1995: 35 – 73.

[185] Степанов Ю С. Константы. Словарь русской культуры [M]. М.: Академический Проект, 2004.

[186] Ступникова В В. Дракон в зеркале чэнъюев [J]. Человек и культура Востока. Исследования и переводы, 2012(3): 320 – 329.

[187] Тарланов З К. Очерки по синтаксису русских пословиц [M]. Л.: Изд-во Ленинградского ун-та, 1982.

[188] Тарланов З К. Русские пословицы: синтаксис и поэтика [M]. Петрозаводск: Петрозаводский гос. ун-т, 1999.

[189] Тарланов З К. Синтаксис русских пословиц [D]. Ленинград, 1970.

[190] Тарова Ж Б. Особенности перевода китайских и русских пословиц и поговорок, отражающих отношения между мужчиной и женщиной [C]. Томск: Изд. дом ТГУ, 2013: 118 – 120.

[191] Телия В Н. Русская фразеология. Семантический, прагматический и лингвокультурологический аспекты [M]. М.: Языки русской культуры, 1996.

[192] Тер-Минасова С Г. Язык и межкультурная коммуникация [M].

М.: Слово/Slovo, 2000.

［193］Токарева М А. Язык и культура в курсе практикума по межкультурной коммуникации для иностранцев, изучающих русский язык ［С］. Великий Новгород: Новгородский гос. ун-т им. Ярослава Мудрого, 2011: 387 – 389.

［194］Толковый словарь Ушакова ［M/OL］. http://ushakovdictionary. ru/word. php? wordid = 54692.

［195］Тупенко Н М. Пословицы и поговорки ［M］. Иркутск: Иркутское кн. изд-во, 1959.

［196］Фрумкина Р М. Психолингвистика ［M］. М.: Академия, 2001.

［197］Ханмурзаева Д М. Причин возникновения антипословиц и их роль в современной лингвокультуре ［С］. Казань: Казанский (Приволжский) фед. ун-т, 2015: 303 – 305.

［198］Цуладзе А М. Политическая мифология ［M］. М.: Эксмо, 2003.

［199］Цурикова Л В. Новые аспекты изучения дискурса: адекватность дискурсивной деятельности как коммуникативно-когнитивный феномен ［С］. Калининград: Изд-во КГУ, 2003:175 – 186.

［200］Чжан Лу, Обносов В И. Сопоставление китайских и русских пословиц и поговорок ［С］. Томск: Издво ТГУ, 2009: 122 – 125.

［201］Чижиков А Г. Текстологические характеристики нидерландских пословиц и поговорок (на материале нидерландскоязычной прозы и прессы) ［M］. М., 2006.

［202］Чудинов А П. Когнитивно-дискурсивное исследование метафоры в текстах СМИ ［С］ // Язык СМИ как объект междисциплинарного исследования. М.: МГУ, 2004.

［203］Чудинов А П. Лингвокультурология ［M］. Екатеринбург: Урал. гос. пед. ун-т, 2009.

［204］Чэнь Шуан. Китайские идиомы (чэнъюй 成语) как компонент содержания межкультурной компетенции ［J］. Вестник Пермского университета. Российская и зарубежная филология, 2013(3): 69 – 75.

［205］ Чэнь Шуан. Методика обучения студентов пониманию и интерпретации китайских идиом чэнъюй на продвинутом этапе языкового вуза［D］. Улан-Удэ, 2007.

［206］Шанский Н М. Фразеология современного русского языка［M］. СПб. : Специальная литература, 1996.

［207］ Шапочкин Д В. Политический дискурс. Когнитивный аспект ［M］. Тюмень: Изд-во Тюменского государственного университета, 2012.

［208］Шелупенко Н Е. Менталитет как основа национальной культуры ［J］. Культура. Наука. Творчество, 2013(7): 504 – 507.

［209］Ши Лэй. Специфика китайских недоговорок-иносказаний сехоуюй ［J］. Вестник МГОУ. Серия «Лингвистика», 2014 (4): 76 – 80.

［210］ Юань Лиин. Русские пословицы о воспитанности / невоспитанности на фоне аналогичных паремий китайского языка (лингвокультурологический аспект［D］. СПб. , 2016.

［211］Яковлева Е А. Интеграция китайских паремий в американское коммуникативное［D］. Владивосток, 2016.

［212］Яковлева Е А. Интеграция китайских пословиц и поговорок в американское лингвокультурное пространство［J］. Вестник Кемеровского государственного университета, 2015(2): 212 – 216.

［213］Buchanan H. The proverbs, classified by topic［M/OL］.［2019-11-21］. https://www. daimon. org/lib/ebooks/Classified-Proverbs. pdf.

［214］Leili E. Towards a classification of Greek proverbs［J］. Paremia, 2007: 139 – 148.

［215］Mieder W, Litovkina A T. Twisted Wisdom: Modern anti-proverbs ［M］. Deprovebio, 2002.

［216］Nikolaeva O V, Yakovleva E A. The pragmatics of Chinese proverb quoting in the English and the Russian-language mass media of PRC［J］. Asian Social Science, 2015(15): 211 – 220.

［217］Peace Amate. Visual representation of selected akan proverbs in ghana: their philosophical and socio-cultural values［J/OL］.［2011-12-05］. https://ir.

knust. edu. gh/handle/123456789/2187.

[218]Yakovleva E A, Nikolaeva O V. Chinese Paroemias as Intertextual Insertions in American Mass Media and Social Media Discourse [J]. Intercultural Communication Studies, 2014(1): 146 – 164.

[219]曹聪孙. 中国俗语选释[M]. 成都:四川教育出版社,1985.

[220]陈秀兰. "成语"探源[J]. 古汉语研究,2003 (1):78 – 79.

[221]辞海[M]. 上海:上海辞书出版社,1979.

[222]杜林诺娃·叶列娜. 汉俄谚语对比分析[D]. 沈阳:辽宁大学,2015.

[223]郭绍虞. 谚语的研究[J]. 小说月报,1921 (12).

[224]何云霞. 俄语成语单位中的"友谊"文化概念(从汉语语者及文化者的视角分析)[D]. 重庆:四川外语学院,2010.

[225]侯璞. 谚语的语篇功能[D]. 南昌:南昌大学,2012.

[226]黄苏华. 含义相同的汉俄谚语刍议[J]. 外语学刊,1996 (2):40 – 44.

[227]纪玉华,吴建平. 跨文化语境演讲中谚语引用之批评分析[J]. 外语与外语教学,2018 (1):22 – 25,29.

[228]鞠艳清. 汉语谚语的语义研究[D]. 南京:南京师范大学,2015.

[229]寇福明. 汉英谚语对比研究[D]. 北京:中央民族大学,2007.

[230]李行健. 现代汉语规范词典[M]. 北京:外语教学研究出版社,2014.

[231]李梅. 俄语成语语言世界图景中"男人"和"女人"观念分析[D]. 长春:吉林大学,2015.

[232]刘凯. "俗语"与花儿[J]. 青海社会科学,1980 (1):110 – 111.

[233]卢卓群. 四字格成语的有形裂断及其作用[J]. 世界汉语教学,1992 (4):265 – 268.

[234]马国凡. 成语[M]. 呼和浩特:内蒙古人民出版社,1978.

[235]马鑫. 浅析俄语谚语的民族文化内涵[J]. 吉林省教育学院学报,2012 (8): 136 – 137.

[236]曲彦斌. 中国民俗语言学[M]. 上海:上海文艺出版社,1996.

[237]宋彩凤. 论哈萨克族谚语的社会功能[J]. 大众文艺, 2013 (1): 281 – 282.

[238]宋永培,端木黎明.汉语成语词典[M].成都:四川辞书出版社,2001.

[239]汪少华.谚语・架构・认知[J].外语与外语教学,2008(6):4－6.

[240]王德春,杨素英,黄月圆.汉英谚语与文化[M].上海:上海外语教育出版社,2003.

[241]王勤.俗语的性质和范围[J].湘潭大学学报（社会科学版）,1990(4):107－111.

[242]王思慧.中俄生死观比较——以汉俄语成语、谚语、俗语为例[D].北京:北京外国语大学,2015.

[243]魏敏.汉语谚语中处世观的研究[D].乌鲁木齐:新疆师范大学,2016.

[244]温端政.谚语[M].北京:商务印书馆,1985.

[245]温端政.中国歇后语大全[M].上海:上海辞书出版社,2004.

[246]温端政.中国谚语大全(上)[M].上海:上海辞书出版社,2004.

[247]武占坤.中华谚谣研究[M].保定:河北大学出版社,2000.

[248]武占坤,马国凡.谚语[M].呼和浩特:内蒙古人民出版社,1980.

[249]现代汉语词典(第7版)[M].北京:商务印书馆,2016.

[250]徐宗才,应俊玲.常用俗语手册[M].北京:北京语言学院出版社,1985.

[251]杨慧颖.中美时间观念的跨文化研究——以谚语为例[D].长春:东北师范大学,2014.

[252]叶芳来.俄汉谚语俗语词典[M].北京:商务印书馆,2005.

[253]于姣.语言文化学视角下的中俄谚语对比研究[D].沈阳:辽宁大学,2014.

[254]张辉.熟语及其理解的认知语义学研究[M].北京:军事谊文出版社,2003.

[255]张敏.思维与智慧[M].北京:机械工业出版社,2003.

[256]张欣莉.语言文化学视角下"красота"在俄汉语中的对比研究[D].沈阳:辽宁大学,2014.

[257]张心远.谚语[M].西安:三秦出版社,2008.

[258]赵红棉."成语"一词源流考[J].古汉语研究.1992(3):60－65,29.

［259］钟敬文. 民间文学概论［M］. 上海：上海文艺出版社,1980.

［260］朱琳娜. 俄语谚语俗语中"欺骗"观念的语言文化学分析［D］. 长沙：湖南师范大学,2012.

Источники лингвистического материала

［1］Любовный дуэт Голливуда ［N/OL］. Аргументы и факты, 2001-02-26 ［2019-11-19］. http://www. aif. ru/archive/1686466.

［2］20 китайских правил здоровья ［N/OL］. Аргументы и факты, 2002-04-20［2019-11-19］. http://www. aif. ru/archive/1693958.

［3］Китай — наш «старший брат»? ［N/OL］. Аргументы и факты, 2002-11-27［2019-11-19］. http://www. aif. ru/archive/1622502.

［4］Плохо спится после терзающих душу грехов ［N/OL］. Аргументы и факты, 2005-08-26 ［2019-11-19］. http://www. aif. ru/archive/1681852.

［5］У неряхи депрессия? ［N/OL］. Аргументы и факты, 2006-12-04 ［2019-11-19］. http://www. aif. ru/archive/1692177.

［6］Лев Прыгунов. О досье на себя узнал случайно ［N/OL］. Аргументы и факты, 2007-03-13 ［2019-11-19］. http://www. aif. ru/archive/1685363.

［7］Древнейшая цивилизация ［N/OL］. Аргументы и факты, 2007-12-10 ［2019-11-19］. http://www. aif. ru/archive/1697613.

［8］На Восток — за темпераментом ［N/OL］. Аргументы и факты, 2009-04-23［2019-11-19］. http://www. aif. ru/health/life/10797.

［9］Лишний вес мешает женщинам забеременеть и грозит бесплодием ［N/OL］. Аргументы и факты, 2011-11-17［2019-11-19］. http://www. aif. ru/health/life/29292.

［10］«Дорога к "Славе"»: как режиссер с Бродвея выбирал звезд китайского мюзикла ［N/OL］. Аргументы и факты, 2014-11-07［2019-11-19］. http://www. aif. ru/culture/theater/1377390.

［11］В какие карты играет Китай. Стоит ли России опасаться восточного соседа? ［N/OL］. Аргументы и факты, 2017-10-18［2019-11-19］. http://www. aif. ru/politics/opinion/v_kakie_karty_igraet_kitay_stoit_li_rossii_opasatsya_vostochnogo_soseda.

［12］Ибу ибуди дадао муди［N/OL］. Аргументы недели, 2014-05-22 ［2019-11-19］. http：//argumenti. ru/politics/n438/340187.

［13］Курс на отпуск：Такой разный Пекин［N/OL］. Аригус, 2017-10- 11 ［2019-11-19］. https：//arigus. tv/news/item/95169/？ sphrase_id ＝ 525801.

［14］Мобильный семинар［N/OL］. Безформата, 2005-02-22［2019-11-19］. http：//www. ug. ru/archive/7279.

［15］Хорошего человека редиской не назовут［N/OL］. Безформата, 2012-07-07［2019-11-19］. http：//novosibirsk. bezformata. com/listnews/horoshego-cheloveka-rediskoj-ne-nazovut/5251093/.

［16］Софья Симатова — чемпион Европы. . . по-китайскому языку［N/OL］. Безформата, 2013-08-29［2019-11-19］. http：//chita. bezformata. com/listnews/simatova-chempion-evropi-po-kitajskomu/13761090/.

［17］Маски в стиле Pussy Riot стали популярны в Китае［N/OL］. Безформата, 2014-09-18［2019-11-19］. http：//samara. bezformata. com/listnews/riot-stali-populyarni-v-kitae/23128340/.

［18］Точка отсчета：Нефтегаз. Вуз открыл для Дениса Митрофанова новые горизонты［N/OL］. Безформата, 2015-02-06［2019-11-19］. http：//tumen. bezformata. com/listnews/neftegaz-vuz-otkril-dlya/29302599/.

［19］Совместный путь к процветанию［N/OL］. Безформата, 2015-05-15 ［2019-11-19］. http：//ekaterinburg. bezformata. ru/listnews/sovmestnij-put-k-protcvetaniyu/32981801/.

［20］В последнюю субботу июля в России отмечается День работников торговли［N/OL］. Безформата, 2015-07-25［2019-11-19］. http：//kineshma. bezformata. com/listnews/otmechaetsya-den-rabotnikov-torgovli/35791431/.

［21］Около 3 тысяч уссурийцев ежегодно проходят бесплатное обследование в Центре здоровья［N/OL］. Безформата, 2015-11-05［2019-11-19］. http：//ussuriysk. bezformata. com/listnews/obsledovanie-v-tcentre-zdorovya/39796042/.

［22］Когда охотится бумажный тигр？［N/OL］. Безформата, 2016-01-18

［2019-11-19］. http://kovrov. bezformata. com/listnews/kogda-ohotitsya-bumazh-nij-tigr/42659295/.

［23］Китайские коммунисты в Казани: «Мы придерживаемся нулевой терпимости к коррупции» ［N/OL］. Безформата, 2017-03-24 ［2019-11-19］. http://kazan. bezformata. com/listnews/kitajskie-kommunisti-v-kazani-mi/55965364/.

［24］Лицеисты ДГУ прослушали лекцию об основах экологии ［N/OL］. Безформата, 2017-04-17 ［2019-11-19］. http://mahachkala. bezformata. com/list-news/proslushali-lektciyu-ob-osnovah-ekologii/56594684/.

［25］Вырастить сад души ［N/OL］. Безформата, 2018-02-22 ［2019-11-19］. http://lipeck. bezformata. com/listnews/virastit-sad-dushi/65080257/.

［26］Китай не послушал Горбачева и обогнал Россию навсегда ［N/OL］. Безформата, 2018-05-07 ［2019-11-19］. http://cherkesk. bezformata. com/list-news/tcel-obrazovannoe-naselenie-kitajskaya/66805749/.

［27］Директор Института Конфуция РГГУ Т. В. Ивченко рассказал о моде на китайский язык, секретах образования в Поднебесной и тонкостях переговоров с китайцами ［N/OL］. Безформата, 2018-07-02 ［2019-11-19］. http://moskva. bezformata. com/listnews/rasskazal-o-mode-na-kitajskij-yazik/68047465/.

［28］Станислав Белковский: «Почему Медведев — не Путин?» ［N/OL］. Бизнес онлайн, 2010-07-15 ［2019-11-19］. https://www. business-gazeta. ru/arti-cle/26502.

［29］Российские женщины — двигатель экономики ［N/OL］. Ведомости, 2008-03-07 ［2019-11-19］. https://www. vedomosti. ru/newspaper/ar-ticles/2008/03/07/rossijskie-zhenschiny-dvigatel-jekonomiki.

［30］Ольга Мещерякова, начальник управления образования Коркинского района: «Одна ласточка весны не делает» ［N/OL］. Вектор образования, 2013-02-01 ［2019-11-19］. http://eduurfo. ru/portrait/index. php? ELEMENT_ID = 12366.

［31］Китайские ювелиры сдержали слово за императора ［N/OL］. Вести,

2006-09-23 ［2019-11-19］. https：//www. vesti. ru/doc. html？ id＝85854.

［32］В Стокгольме и Осло вручили Нобелевские премии ［N/OL］. Вести，2011-12-11 ［2019-11-19］. https：//www. vesti. ru/doc. html？ id＝657640.

［33］Зеркало нашей лени ［N/OL］. Газета. ru，2011-12-18 ［2019-11-19］. https：//www. gazeta. ru/comments/2011/12/08_a_3919118. shtml.

［34］Опоздавшие обогнали впереди идущих ［N/OL］. Газета. ru，2013-12-16［2019-11-19］. https：//www. gazeta. ru/science/2013/12/16_a_5804317. shtml.

［35］Неформальная экономика Китая：взгляд изнутри ［N/OL］. Деловая пресса，2000-04-03 ［2019-11-19］. http：//businesspress. ru/newspaper/article_mId_21960_aid_20141. html.

［36］Путин：Кто выше сидит，тот дальше смотрит ［N/OL］. Дни，2016-12-23 ［2019-11-19］. https：//dni. ru/polit/2016/12/23/357087. html.

［37］Культурный терроризм. Змея глобализма кусает себя за хвост ［N/OL］. Завтра，2003-08-26［2019-11-19］. http：//zavtra. ru/blogs/2003-08-2731.

［38］«Пекинская опера» и китайский звездолет ［N/OL］. Завтра，2014-08-21 ［2019-11-19］. http：//zavtra. ru/blogs/pekinskaya-opera-i-kitajskij-zvezdolyot.

［39］Дорогой «китайской мечты» ［N/OL］. Завтра，2015-01-01［2019-11-19］. http：//zavtra. ru/blogs/kitajskaya-mechta-si-tszinpina.

［40］Древние китайские кланы，организовавшие «глубинное государство» ［N/OL］. Завтра，2017-12-18 ［2019-11-19］. http：//zavtra. ru/blogs/drevnie_kitajskie_klani_organizovavshie_glubinnoe_gosudarstvo.

［41］Касьянов зовет китайцев в экономику третьих стран ［N/OL］. Завтра，2002-08-21［2019-11-19］. https：//iz. ru/news/266052.

［42］Дипломатические смотрины ［N/OL］. Завтра，2002-05-12［2019-11-19］. https：//iz. ru/news/261663.

［43］Коммунисты，назад！ ［N/OL］. Завтра，2003-01-15［2019-11-19］. https：//iz. ru/news/271738.

［44］Лев Прыгунов：«Подобное притягивается подобным» ［N/OL］.

Известия, 2005-07-07 [2019-11-19]. http://www. aif. ru/archive/1673914.

[45] В МИД Китая объяснили принципы сотрудничества страны с Россией [N/OL]. Известия, 2024 – 03 – 07 [2024 – 03 – 11]. https://iz. ru/1661443/2024 – 03 – 07/v – mid – kitaia – obiasnili – printcipy – sotrudnichestva – strany – s – rossiei.

[46] Режиссер Цен Кайге: «Я съел очень большого краба!» [N/OL]. Известия, 2006-06-26 [2019-11-19]. https://iz. ru/news/314899.

[47] Главный криминалист Следственного комитета при Генпрокуратуре России Юрий Леканов: «Свидетелям по делу о подрыве "Невского экспресса" мы вернули память» [N/OL]. Известия, 2007-12-04 [2019-11-19]. https://iz. ru/news/331320.

[48] «Сколково» уже популярно в Шанхае [N/OL]. Известия, 2010-09-27 [2019-11-19]. https://iz. ru/news/366335.

[49] Битва мировоззрений. [N/OL]. Известия, 2012-11-04 [2019-11-19]. https://iz. ru/news/536852.

[50] Миром правят молодые [N/OL]. Известия, 2017-04-27 [2019-11-19]. https://iz. ru/news/693599.

[51] Россия и Китай продолжили содержательный диалог [N/OL]. Известия, 2017-09-03 [2019-11-19]. https://iz. ru/640935/egor-sozaev-gurev/rossiia-i-kitai-podtverdili-kurs-na-soderzhatelnyi-dialog.

[52] В Китае сформировано новое руководство [N/OL]. Интерфакс, 2013-03-17 [2019-11-19]. https://www. interfax. ru/world/295932.

[53] Губернатор: Забайкальский край будет использовать приграничный фактор как стимул роста [N/OL]. ИТАР-ТАСС, 2017-04-13 [2019-11-19]. https://tass. ru/sibir-news/4178999.

[54] Путин заявил, что России нужен технологический прорыв [N/OL]. ИТАР-ТАСС, 2018-04-27 [2019-11-19]. https://tass. ru/ekonomika/5161633.

[55] Социализм без комиссаров и коммунистов [N/OL]. Коммерсантъ, 2001-01-16 [2019-11-19]. https://www. kommersant. ru/doc/134586? query =

китайская% 20пословица.

［56］Из России с Лю ［N/OL］. Коммерсантъ, 2007-10-22［2019-11-19］. https：//www. kommersant. ru/doc/816489? query = % D0% BA% D0% B8% D1% 82% D0% B0% D0% B9% D1% 81% D0% BA% D0% B0% D1% 8F% 20% D0% BF% D0% BE% D1% 81% D0% BB% D0% BE% D0% B2% D0% B8% D1% 86% D0% B0.

［57］Россия и Китай договорились о строительстве АЭС ［N/OL］. Коммерсантъ, 2009-10-13 ［2019-11-19］. https：//www. kommersant. ru/doc/1255352? query = % D0% BA% D0% B8% D1% 82% D0% B0% D0% B9% D1% 81% D0% BA% D0% B0% D1% 8F% 20% D0% BF% D0% BE% D1% 81% D0% BB% D0% BE% D0% B2% D0% B8% D1% 86% D0% B0.

［58］Пора пить чай по-китайски ［N/OL］. Коммерсантъ, 2011-02-18 ［2019-11-19］. https：//www. kommersant. ru/doc/2288509? query = % D0% BA% D0% B8% D1% 82% D0% B0% D0% B9% D1% 81% D0% BA% D0% B0% D1% 8F% 20% D0% BF% D0% BE% D1% 81% D0% BB% D0% BE% D0% B2% D0% B8% D1% 86% D0% B0.

［59］Виталий Петров получил удар из-за угла ［N/OL］. Коммерсантъ, 2011-09-12［2019-11-19］. https：//www. kommersant. ru/doc/1771138.

［60］Терракотовый воин ［N/OL］. Коммерсантъ, 2017-06-02［2019-11-19］. https：//www. kommersant. ru/doc/3317276? query = китайская% 20 пословица.

［61］Жизнь человека — борьба за выживание！［N/OL］. Комсомольская правда, 2009-12-23 ［2019-11-19］. https：//www. spb. kp. ru/daily/24416/588344/.

［62］23-августа свой 60-летний юбилей отпразднует Гайоз Макиев ［N/OL］. Комсомольская правда, 2010-08-19［2019-11-19］. https：//www. stav. kp. ru/daily/24543. 4/721228/.

［63］Студенты из Китая могут стать магистрами и аспирантами петербургского вуза ［N/OL］. Комсомольская правда, 2015-02-05［2019-11-19］. https：//www. spb. kp. ru/daily/26337/3220779/.

［64］Учитель математики постоит за честь всех вятских педагогов ［N/OL］. Комсомольская правда, 2015-07-21［2019-11-19］. https://www. msk. kp. ru/daily/26409/3283928/.

［65］Китайская граница уже под Москвой ［N/OL］. Комсомольская правда, 2016-08-03［2019-11-19］. https://www. kp. ru/daily/23750/55877/.

［66］Россия и Китай обгонят Америку по Новому Шелковому пути ［N/OL］. Комсомольская правда, 2017-05-13［2019-11-19］. https://www. dv. kp. ru/daily/26676. 3/3698901/.

［67］Без слабых звеньев ［N/OL］. Красная звезда, 2011-10-14［2019-11-19］. http://old. redstar. ru/2011/10/14_10/2_01. html.

［68］Два китайских лидера: отец и сын ［N/OL］. Независимая газета, 2015-04-10［2019-11-19］. http://www. ng. ru/ideas/2015-04-10/5_china. html.

［69］Тавровский Ю. Карт-бланш. Вашингтон ударяет по-мягкому ［N/OL］. Независимая газета, 2016-08-08 ［2019-11-19］. http://www. ng. ru/world/2016-08-08/3_kartblansh. html.

［70］Испытание революциями и войнами ［N/OL］. Независимая газета, 2017-06-30［2019-11-19］. http://nvo. ng. ru/realty/2017-06-30/14_954_china. html.

［71］Десятилетиями добыча и экспорт ценного минерала находились практически вне правового поля ［N/OL］. Новая газета, 2014-04-04［2019-11-19］. https://www. novayagazeta. ru/articles/2014/04/04/59055-gosudarstvo-pribralo-nefrit-k-horoshim-rukam.

［72］Таким способом можно блистательно посадить в России любого из 7 миллиардов жителей планеты Земля ［N/OL］. Новая газета, 2016-03-22 ［2019-11-19］. https://www. novayagazeta. ru/articles/2016/03/21/67883-donetskiy-protsess-pozornyy-i-smeshnoy.

［73］Любить дракона ［N/OL］. Поистине. ［2019-06-11］. https://poistine. org/lyubit-drakona.

［74］Основатели учений в реальности: Конфуций ［N/OL］. Правда. ru, 2011-05-28［2019-11-19］. https://faith. pravda. ru/1078525-confucius_life/.

［75］Китайские банкиры откроют дверь в Европу за 16 млрд долларов ［N/OL］. Рамблер, 2012-09-18［2019-11-19］. https://news. rambler. ru/asia/ 15554241-kitayskie-bankiry-otkroyut-dver-v-evropu-za-16-mlrd-dollarov/? utm _ source = news_media&utm_medium = localsearch&utm_campaign = self_promo&utm_ content = news_media&utm_term = % D0% BA% D0% B8% D1% 82% D0% B0% D0% B9% D1% 81% D0% BA% D0% B0% D1% 8F% 20% D0% BF% D0% BE% D0% B3% D0% BE% D0% B2% D0% BE% D1% 80% D0% BA% D0% B0&updated.

［76］На педсовете Чувашии обсудили преподавание точных наук ［N/ OL］. Рамблер, 2014-08-23［2019-11-19］. https://news. rambler. ru/education/ 26544700-na-pedsovete-chuvashii-obsudili-prepodavanie-tochnyh-nauk/? utm _ source = news_media&utm_medium = localsearch&utm_campaign = self_promo&utm_ content = news_media&utm_term = китайская% 20мудрость&updated.

［77］«Пятый этаж»: новая доктрина США в Европе—сдерживать РФ ［N/OL］. Рамблер, 2016-01-28［2019-11-19］. https://news. rambler. ru/politics/ 32596953-pyatyy-etazh-novaya-doktrina-ssha-v-evrope-sderzhivat-rf/? utm_source = news_media&utm_medium = localsearch&utm_campaign = self_promo&utm_content = news_media&utm_term = китайская% 20пословица&updated.

［78］Посол РФ в КНР: проблемы Южно-Китайского моря должны решать страны, которых они касаются ［N/OL］. Рамблер, 2016-10-04［2019-11-19］. https://news. rambler. ru/world/34897491-posol-rf-v-knr-problemy-yuzh-no-kitayskogo-morya-dolzhny-reshat-strany-kotoryh-oni-kasayutsya/? utm _ source = news_media&utm_medium = localsearch&utm_campaign = self_promo&utm_content = news_media&utm_term = % D0% BA% D0% B8% D1% 82% D0% B0% D0% B9% D1% 81% D0% BA% D0% B0% D1% 8F% 20% D0% BF% D0% BE% D1% 81% D0% BB% D0% BE% D0% B2% D0% B8% D1% 86% D0% B0&updated.

［79］Экономика Китая: каждый год натиск «дракона» будет нарастать ［N/OL］. Рамблер, 2016-09-14［2019-11-19］. https://news. rambler. ru/asia/ 34718288-ekonomika-kitaya-kazhdyy-god-natisk-drakona-budet-narastat/? utm _ source = news_media&utm_medium = localsearch&utm_campaign = self_promo&utm_ content = news_media&utm_term = китайская% 20пословица&updated.

［80］Специальный репортаж: политические партии стран Центральной и Восточной Европы стремятся развивать более тесные связи с Китаем ［N/OL］. Рамблер, 2017-07-15 ［2019-11-19］. https://news. rambler. ru/asia/37407378-spetsialnyy-reportazh-politicheskie-partii-stran-tsentralnoy-i-vostochnoy-evropy-stremyatsya-razvivat-bolee-tesnye-svyazi-s-kitaem/? utm _ source = news _ media&utm_medium = localsearch&utm_campaign = self_promo&utm_content = news _media&utm_term = китайская%20пословица.

［81］Эксклюзив: Казахстан высоко оценивает результаты совместных с Китаем масштабных усилий в возрождении древнего Шелкового пути — президент Казахстана ［N/OL］. Рамблер, 2018-05-31 ［2019-11-19］. https://news. rambler. ru/asia/39994261-eksklyuziv-kazahstan-vysoko-otsenivaet-rezultaty-sovmestnyh-s-kitaem-masshtabnyh-usiliy-v-vozrozhdenii-drevnego-shelkovogo-puti-prezident-kazahstana/? utm_source = news_media&utm_medium = localsearch&utm_campaign = self_promo&utm_content = news_media&utm_term = %D0%BA%D0%B8%D1%82%D0%B0%D0%B9%D1%81%D0%BA%D0%B0%D1%8F%20%D0%BF%D0%BE%D1%81%D0%BB%D0%BE%D0%B2%D0%B8%D1%86%D0%B0.

［82］История любви русской девушки к Китаю ［N/OL］. Рамблер, 018-06-10 ［2019-11-19］. https://news. rambler. ru/other/40072274-istoriya-lyubvi-russkoy-devushki-k-kitayu/? utm _ source = news _ media&utm _ medium = localsearch&utm_campaign = self_promo&utm_content = news_media&utm_term = китайская%20поговорка.

［83］Как пьют в Китае ［N/OL］. Рамблер, 2018-11-24［2019-11-19］. https://news. rambler. ru/other/41322875-kak-pyut-v-kitae/? utm _ source = news _ media&utm_medium = localsearch&utm_campaign = self_promo&utm_content = news _media&utm_term = %D0%BA%D0%B8%D1%82%D0%B0%D0%B9%D1%81%D0%BA%D0%B0%D1%8F%20%D0%BF%D0%BE%D1%81%D0%BB%D0%BE%D0%B2%D0%B8%D1%86%D0%B0&updated.

［84］Праздничная сторона Китая. Свидание с городом-садом Ханчжоу ［N/OL］. Рамблер, 2019-01-13 ［2019-11-19］. https://news. rambler. ru/asia/

41552098-prazdnichnaya-storona-kitaya-svidanie-s-gorodom-sadom-hanchzhou/?
utm_ source = news _ media&utm _ medium = localsearch&utm _ campaign = self _
promo&utm_content = news_media&utm_term = % D0% BA% D0% B8% D1% 82%
D0% B0% D0% B9% D1% 81% D0% BA% D0% B0% D1% 8F% 20% D0% BC%
D1% 83% D0% B4% D1% 80% D0% BE% D1% 81% D1% 82% D1% 8C.

[85]Третья Мировая начнется не в России [N/OL]. Репортер, 2018-03-
14[2019-11-19]. https://topcor. ru/358-narastaet-ugroza-konflikta-v-yuzhno-kitay-
skom-more. html.

[86]Греф пришел дать свободу [N/OL]. Российская газета, 2006-04-24
[2019-11-19]. https://rg. ru/2006/04/20/fradkov-suomi. html.

[87]Раньше мне было важно, где обедать, а теперь — с кем [N/OL].
Российская газета, 2007-11-28 [2019-11-19]. https://rg. ru/2007/11/28/kon-
chalovsky. html.

[88] Метаморфозы гамбургского счета [N/OL]. Российская газета,
2008-04-16[2019-11-19]. https://rg. ru/2008/04/16/lapushansky. html.

[89]Чек и Гек [N/OL]. Российская газета, 2013-02-21[2019-11-19]. https://rg. ru/2013/02/21/avdeev. html.

[90]Здравствуй, Китай! [N/OL]. Российская газета, 2013-03-29[2019-
11-19]. https://rg. ru/2013/03/29/turizm. html.

[91]Спортивная дипломатия Посол Китая: Сочи ждет светлое будущее
[N/OL]. Российская газета, 2014-01-28 [2019-11-19]. https://rg. ru/2014/
01/28/kitay. html.

[92] Фужу — особый доуфу [N/OL]. Российская газета, 2014-12-05
[2019-11-19]. https://rg. ru/2014/12/05/fuzu. html.

[93] В Китае есть Ханчжоу [N/OL]. Российская газета, 2016-08-21
[2019-11-19]. https://rg. ru/2016/08/21/kitaj-vvel-besprecedentnye-mery-bezo-
pasnosti-pered-sammitom-g20. html.

[94]Без него не обойтись. Какой чай подойдет именно вам [N/OL].
Российская газета, 2016-09-20[2019-11-19]. https://rg. ru/2016/09/21/doktor-
u-fu-rasskazal-kakoj-chaj-nuzhno-pit-zhenshchinam. html.

［95］Заявление для прессы по итогам российско-китайских переговоров ［N/OL］. Сайт Президента России, 2000-06-18［2019-11-19］. http://www. kremlin. ru/events/president/transcripts/24176.

［96］Встреча со студентами и преподавателями Пекинского университета ［N/OL］. Сайт Президента России, 2002-12-03［2019-11-19］. http://www. kremlin. ru/events/president/transcripts/21798.

［97］ Церемония открытия Года Китая в России ［N/OL］. Сайт Президента России, 2007-03-26［2019-11-19］. http://www. kremlin. ru/events/president/transcripts/24097.

［98］Иглоукалывание и компьютеры ［N/OL］. Спорт-экспресс, 2003-08-22［2019-11-19］. https://www. sport-express. ru/newspaper/2003-08-22/12_1/.

［99］Олимпиада ［N/OL］. Спорт-экспресс, 2006-02-13［2019-11-19］. https://www. sport-express. ru/newspaper/2006-02-13/9_1/.

［100］Игра престолов: Гинер против Федуна ［N/OL］. Спорт-экспресс, 2015-05-14 ［ 2019-11-19 ］. https://www. sport-express. ru/football/rfpl/reviews/875473/.

［101］Путь в тысячу ли ［N/OL］. Спорт-экспресс, 2015-11-07［2019-11-19］. https://www. sport-express. ru/figure-skating/reviews/935498/.

［102］ Александр Черных: «Врач взглянул на меня: "Что с ним возиться? Труп!"» ［N/OL］. Спорт-экспресс, 2017-06-02［2019-11-19］. https://www. sport-express. ru/fridays/reviews/aleksandr-chernyh-vrach-vzglyanul-na-menya-chto-s-nim-vozitsya-trup-1263881/.

［103］Российская alma mater ［N/OL］. Учительская газета, 2012-12-11 ［2019-11-19］. http://www. ug. ru/archive/48991.

［104］ « ФедералПресс. Сибирь » исполнился 1 год ［N/OL］. ФедералПресс, 2008-06-02 ［2019-11-19］. http://fedpress. ru/article/418581.

［105］ Белоснежка против Длинного Змея ［N/OL］. Эксперт Online, 2005-12-12 ［ 2019-11-19 ］. https://expert. ru/northwest/2005/47/47no-23_43760/.

［106］У меня очень хамелеонистое лицо ［N/OL］. Lenta. ru, 2014-05-16

[2019-11-19]. https://lenta. ru/articles/2014/05/16/godzilla/.

［107］Дружба с драконом. Чем Россия может заплатить за дружбу с Китаем ［N/OL］. Lenta. ru, 2014-06-03 ［2019-11-19］. https://lenta. ru/articles/2014/06/02/china/.

［108］Поход на Восток. Почему главными темами для Путина станут Сирия, Донбасс и Курилы ［N/OL］. Lenta. ru, 2016-08-31［2019-11-19］. https://lenta. ru/articles/2016/08/31/go_east/.

［109］Люди из органов тоже были мальчиками ［N/OL］. Lenta. ru, 2017-09-12［2019-11-19］. https://lenta. ru/articles/2017/09/12/cai_guoqiang/.

［110］В схватке Смирнова и Каминского победил Шевчук ［N/OL］. MK. ru, 2011-12-12［2019-11-19］. http://www. mk. ru/politics/2011/12/12/652083-v-shvatke-smirnova-i-kaminskogo-pobedil-shevchuk. html.